手繪巴黎的每一天

CHAQUE JOUR À PARIS

sun yimeng

前　言

　　大家好，我是孫藝萌，一名自由插畫家，現居巴黎。我喜歡並擅長用繪畫記錄生活，每當翻看這幾年完成的幾十本速寫本時，真切地發現，原來熱愛的事情好像從來不需要堅持，它那麼自然地成為了一個習慣。

　　與多數小孩一樣，我從小就喜歡畫畫。直到上國中時，美術學校為我開啓了藝術之門，無論是之後就讀的美術班、美術學院，還是在巴黎的藝術學校，我至今最感謝的還是國中的美術學校。現在還清楚記得面試時，徐楓校長問我的一個問題：「你熱愛畫畫嗎？」當時年紀小也不懂表達，就連「愛」這個字都是很小聲地說出來的，但那一刻我的眼睛是濕潤的。

　　求學階段學繪畫，的確花了不少心力，還有一點運氣。在班上，我的繪畫程度不是最好的，我也不算是特別有天賦的小孩，老師唯一誇獎我的就是「色感很好」。儘管如此，我卻一直走在繪畫這條路上。童年的愛好長大變成了職業，對我來說，這是非常幸運的事。

　　在學習繪畫、考試升學時，我認為繪畫是生活中最重要的事。來到巴黎，這座城市開始潛移默化地影響著我，繪畫雖然仍是我生活中不可或缺的一部分，但我慢慢地體會到「好好生活」才是最重要的事情。我必須擁有豐富、有趣的生活，才會有更多能量和靈感呈現在繪畫裡。畢竟，繪畫是一輩子的事。在法國的這幾年，無論是參觀美術館、看展覽、旅行、親近大自然，還是好好吃飯、維持健康的生活方式，我都忠於內心去做喜歡的事。這些經歷讓我越來越愛生活，也越來越愛繪畫。

　　藝術來自於生活。我喜歡帶著速寫本在大街小巷的咖啡館畫畫寫生；我喜歡帶著速寫本看展覽逛市集，鑽進羅浮宮八百年的歷史長河裡，用自己的方式記錄下冰島的彩色小房子、西班牙老市場熱情的攤販、非洲的特色店家，以及地中海的陽光，並分享給每一個人。我發現，用自己的方式表達生活中的一切，按自己的想法成為理想中的自己，是那麼酷！

　　人生像是一場豐富的旅程，每段旅程都會遇見不同的人，他們給予我幫助和啓發，也讓我想成為一個更加真實的人。用心生活，用繪畫記錄人生。如果能帶給別人一些美好，這是一件更有意義的事。

　　這本書接近尾聲的時候，編輯請我寫點什麼。此刻，我坐在巴黎盧森堡公園的長椅上寫下這些文字，我常說自己不擅長語言表達，但我會一直努力分享美好的事物。所以很高興用這幾年累積的「速寫」，匯集成《手繪巴黎的每一天》和大家見面。

希望大家在各自的旅程中好好生活、努力生活、擁抱生活。

最後,想在這裡感謝我的父母、老師、朋友,共同參與策劃出版這本書的所有人,以及網路上不曾謀面的朋友們。感謝你們一直以來給我的支持、鼓勵以及無限的愛,感恩。

2022年5月巴黎

目 錄

PART 1
好好生活的每一天

巴黎咖啡館 / 009
01 露天咖啡館　｜　02 雷・路斯丹咖啡館　｜　03 莉莉的布朗尼
04 星巴克是我工作的地方　｜　05 雙風車咖啡館　｜　06 韓系咖啡店 +82 Paris
07 共享咖啡館 Unicorners　｜　08 彩色咖啡館　｜　09 咖啡館裡的人

巴黎博物館 / 026
10 畢卡索美術館　｜　11 在羅浮宮裡速寫　｜　12 達文西五百周年展
13 龐畢度中心　｜　14 龐畢度的圖書館　｜　15 橘園美術館
16 馬約爾美術館　｜　17 吉美博物館　｜　18 礦物學博物館　｜　19 巴黎當代美術館

推薦必訪的巴黎書店 / 048
20 藝術書店 Artazart　｜　21 獨立書店 ofr.
22 宛如藝廊的 Librairie Yvon Lambert　｜　23 巴黎的特色書展

稍縱即逝的生活間隙 / 054
24 巴黎街角的花店　｜　25 法國鄉下的房子　｜　26 超市裡的番茄調色盤
27 法國長棍麵包　｜　28 國王餅　｜　29 麥當勞的寫生課
30 從高處欣賞巴黎風景　｜　31 盧森堡公園　｜　32 杜樂麗花園　｜　33 巴黎植物園
34 博瓦勒動物園　｜　35 巴黎迪士尼樂園　｜　36 巴黎的游泳池　｜　37 巴黎地鐵

巴黎邂逅的人 / 087
38 巴黎奶奶　｜　39 日本奶奶　｜　40 兩個挪威奶奶　｜　41 一對夫婦
42 法國奶奶　｜　43 mimi　｜　44 伊莎貝爾　｜　45 跳舞的女孩
46 流浪漢　｜　47 親愛的路人　｜　48 大萌自畫像

PART 2
愛在市集

巴黎市集 / 107

49 格勒奈爾市場　｜　50 番茄攤位　｜　51 西班牙海鮮飯
52 生鮮攤位　｜　53 市集的聲音與香氣　｜　54 牽手半世紀的背影
55 買菜的巴黎奶奶　｜　56 在市集裡尋找生活的溫度
57 我喜歡逛市集的10個理由

跳蚤市場 / 121

58 聖圖安跳蚤市場　｜　59 老奶奶的攤位　｜　60 昆蟲標本攤位
61 跳蚤市場的爺爺　｜　62 城市徒步尋找丁丁　｜　63 亞眠的跳蚤市場
64 里爾二手古物市集　｜　65 尼斯的跳蚤市場

歐洲百年市場 / 132

66【義大利】威尼斯魚市　｜　67【匈牙利】布達佩斯中央市場
68【西班牙】波蓋利亞市場　｜　69【西班牙】馬拉加中央市場
70【葡萄牙】波多市場　｜　71【法國】巴黎紅孩兒市場
72【丹麥】哥本哈根市場　｜　73【義大利】佛羅倫斯中央市場

PART 3
一直在路上

一個人去阿姆斯特丹 / 146
74 長途巴士上的風景　|　75 漫步老城街巷
76 梵谷博物館　|　77 米菲兔博物館

在西班牙過生日 / 155
78 塞維亞的青旅　|　79 異國生日的溫暖回憶
80 畢卡索的故鄉　|　81 畫具店與老市場
82 海邊夜釣的大叔

漫遊諾曼第海岸 / 164
83 海邊小鎮勒阿弗爾　|　84 象鼻山

快閃法蘭克福 / 168
85 席恩美術館　|　86 森肯堡自然博物館

與媽媽同行的葡萄牙之旅 / 171
87 夕陽下的心靈釋放　|　88 搭公車去海邊
89 剝蝦的服務生　|　90 最美麥當勞　|　91 最美火車站
92 最美書店　|　93 里斯本豬扒包

童話般的瑞士 / 180
94 仙境般的格林德瓦　|　95 蘇黎世國家博物館
96 米倫小鎮　|　97 阿爾卑斯山上的母牛與小牛

金色的佛羅倫斯 / 188
98 百年畫具店　|　99 懸崖邊的五漁村

讓我重生的冰島 / 194
100 沒有天黑的夜晚　|　101 冰島的連鎖超市　|　102 坐小船去看海鸚鵡
103 哈爾格林姆斯教堂　|　104 冰島郵票與爺爺的記憶

一家人在摩洛哥 / 202
105 有家人陪伴的非洲旅程　|　106 漫步北非幸福村
107 艾西拉的小女孩

從維也納到布拉格 / 208
108 布拉格廣場的展覽　|　109 匈牙利國家美術館
110 維也納列奧波多博物館　|　111 木偶之城布拉格

邊走邊畫 / 214

PART 1

好好生活的
每一天

在巴黎生活的這幾年，讓我成長了很多。

我愛畫畫，每天大部分時間都在畫畫，
但畫畫並不是生活的全部，生活太豐富了。

我現在每天努力去做的事就是「好好生活」，
畫畫只是其中的一部分。

「好好生活」不僅要放到整個生命中，
也要落實在生活的每一天。

這一點非常重要。

生活會讓你思考繪畫，
繪畫也會讓你思考生活。

好好生活的每一天

巴黎咖啡館

在巴黎街頭,坐在室外喝咖啡是這座城市的一大特色。我常去露天咖啡館,任何一家咖啡館都可以。點一杯兩歐元的咖啡,坐下來,看書,畫周圍的人,看看路邊的風景。

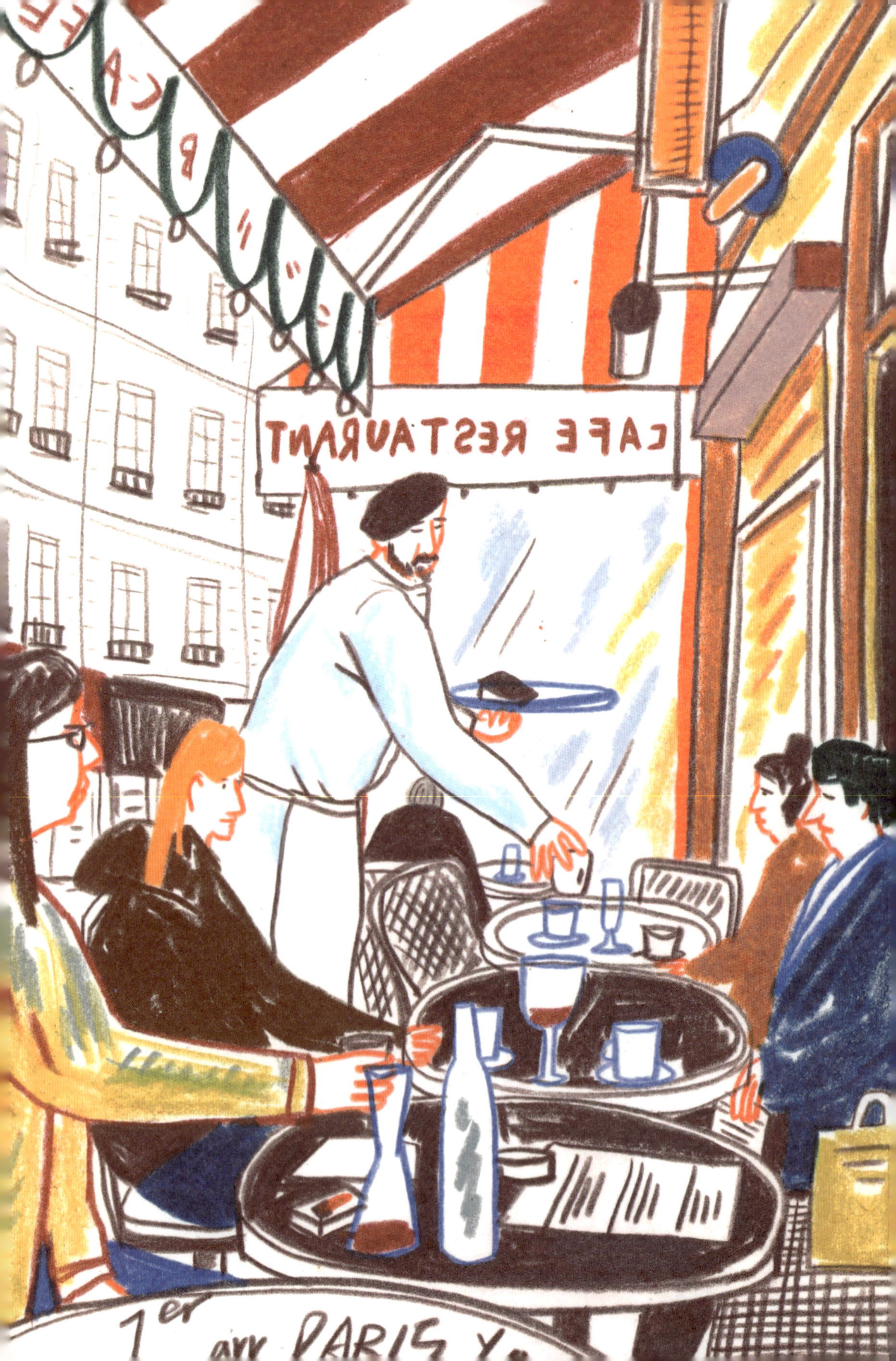
CAFE RESTAURANT
1er arr PARIS

露天咖啡館

　　和朋友吃完日本拉麵後,我們來到第一區(註)的咖啡館,點一杯飯後咖啡。像往常一樣,聊聊最近發生的事情。我喜歡面對面和朋友聊天,這讓我很放鬆。

　　冬天的話,會把咖啡換成熱紅酒,露台上有暖燈火爐,天氣再冷,坐在外面也會感覺暖暖的,有些店家還會為客人準備毯子。

　　法國露台是一種文化,大街小巷遍地的咖啡館,都能看到坐在外面喝咖啡的人,靜靜地享受一個人的時光。

※編註:巴黎被劃分為20個行政區(arrondissements),呈螺旋狀從市中心向外擴展,就像蝸牛殼一樣的排列方式。每個區都有其獨特的特色和氛圍,第一區(1er arrondissement)位在巴黎的中心地帶,也是歷史最悠久的區域之一。

雷·路斯丹咖啡館

盧森堡公園外圍林立著一家家咖啡館。我常去的一家叫雷·路斯丹（Le Rostand），很多電影都曾在這裡取景。對我來說，這家咖啡館十分寬敞，坐在露台上，面對著盧森堡公園，傍晚夕陽照進來，很是愜意。這裡靠近索邦大學，很多文人學者會來探訪這家咖啡館，看書的人很多。下午來喝咖啡的通常是老人，到了傍晚，露台會被年輕人坐滿。店裡有一隻貓，黑白花紋的，它像主人一樣，自在地走來走去，時不時和客人打個招呼。

◆雷·路斯丹（Le Rostand）咖啡館
- 地址／6 Place Edmond Rostand, 75006 Paris
- 最近的地鐵站／4號線或10號線，「Odéon」站
- 營業時間／每日08:00～00:00

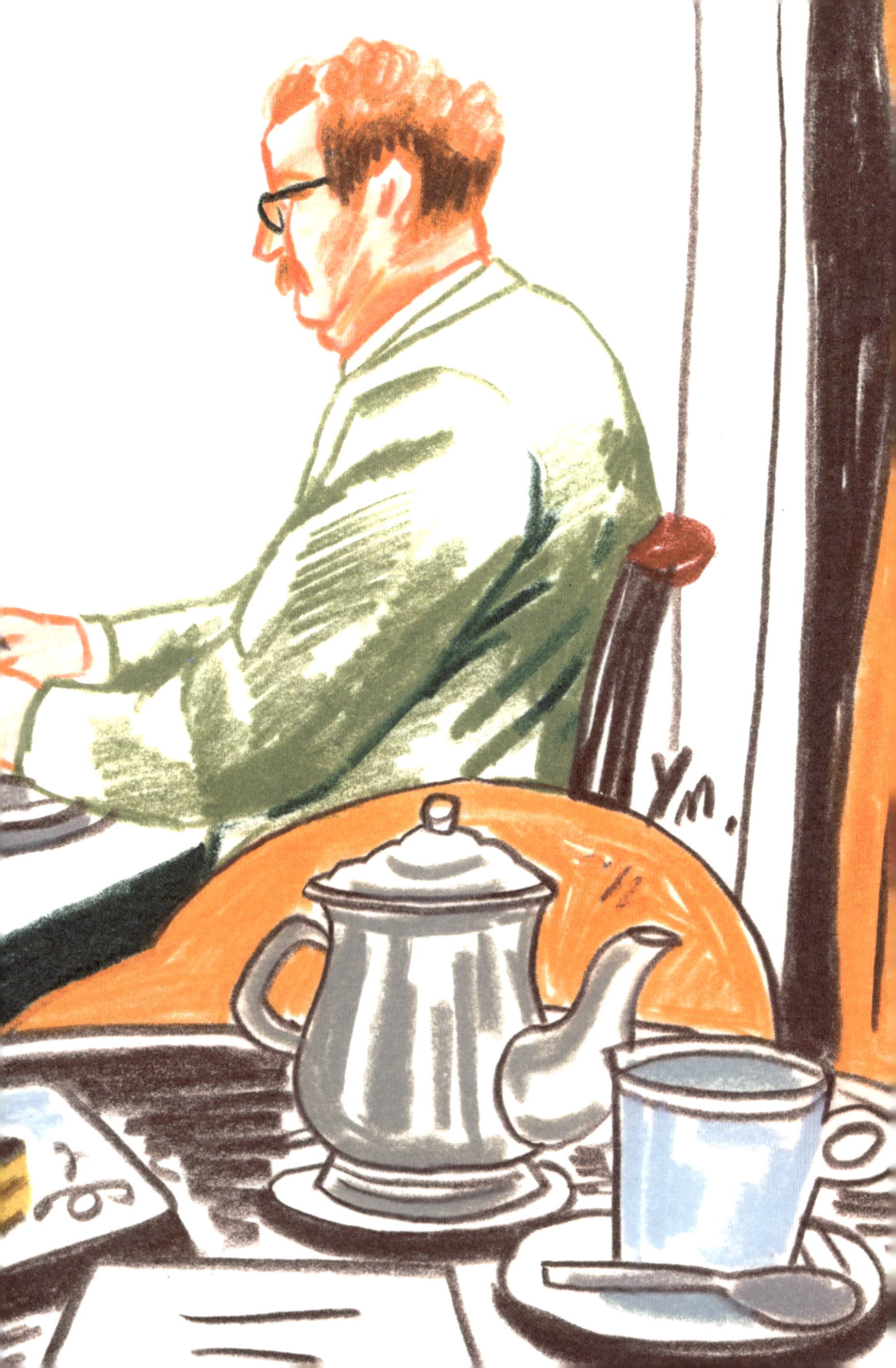

莉莉的布朗尼

　　這是一家蛋糕咖啡店，店名是「莉莉的布朗尼（Lili's Café）」。店很小，外觀是紫色的，窗邊僅有兩三個位置。我第一次見到這麼多味道的布朗尼，將近二十種口味，整整齊齊地擺放在櫃台上，選擇一款喜歡的口味，店員會切一塊給你。櫃台裡的蛋糕包裝紙也是紫色的。這家小店只有一名店員，但來客絡繹不絕。我坐在門口，享受了一塊香甜的堅果布朗尼。

星巴克是我工作的地方

家附近超市的一角,有一家小小的開放式星巴克。製作咖啡的聲音、超市的喧鬧聲,連同音樂融合在一起。不管這裡多吵雜,我都能專心工作。聖誕節快到了,店員戴起了紅色貝雷帽,很可愛。

後來這家店收掉了,每次經過時,總會想起自己曾經在這裡畫過那麼多速寫,非常懷念。

雙風車咖啡館

　　電影《艾蜜莉的異想世界》的咖啡館在蒙馬特，店名是「雙風車咖啡館（Café des Deux Moulins）」，創立於1912年，至今已有百年歷史。電影裡，艾蜜莉在這家咖啡館打工。很多遊客慕名而來，我對這裡也情有獨鍾，因為這部電影是我對法國的第一印象，所有美好都在這裡……我喜歡艾蜜莉，喜歡電影裡的畫面。

　　第一次來到這裡，好像穿越回電影裡。時過境遷，咖啡館仍部分保留了電影裡的樣子。鏡子上掛著電影海報。洗手間能看到電影周邊元素。這麼多年過去了，偶爾還會重溫這部電影。想想，可能是這部電影把我帶到巴黎。

◆雙風車咖啡館（Café des Deux Moulins）

- 地址 / 15 Rue Lepic, 75018 Paris
- 最近的地鐵站 / 2號線「Blanche」站
- 營業時間 / 每日07:30～02:00

韓系咖啡店 +82 Paris

朋友推薦了一家韓國人開的咖啡甜點店。一路找來，竟然緊靠著我在巴黎讀的第一所學校。店在路口的轉角，是以前每天上下課經過的地方。轉角一邊是個上坡，上課快遲到時就氣喘吁吁地往上跑，過了這個轉角就到學校了。

吃著冰淇淋，好多回憶湧現出來。那時為了讓爸媽放心，總是報喜不報憂，每天被作業壓得滿滿的，經常熬夜到天亮，也總遲到。那時有一個對我很好的插畫老師，還有當年像小螞蟻一樣忙忙碌碌、對未來完全未知的自己。

◆ +82 Paris 韓系咖啡店

- 地址 / 11B Rue Vauquelin, 75005 Paris
- 最近的地鐵站 / 7號線「Censier-Daubenton」站
- 營業時間 / 周一～周六：09:00～19:00

共享咖啡館Unicorners

龐畢度中心附近有一家叫Unicorners的咖啡館，品牌標誌是一隻獨角獸。和巴黎傳統的咖啡館有所不同，它是一個共享辦公空間，大家可以邊喝咖啡邊工作。

裡面的裝飾很現代化，有幾張桌子，中間是吧台，大鬍子老闆在專心做著咖啡和點心。

◆Unicorners咖啡館
- 地址 / 17 Rue Geoffroy l'Angevin, 75004 Paris
- 最近的地鐵站 / 11號線「Rambuteau」站
- 營業時間 / 周一～周五：08:00～19:00；周六至周日：09:00～20:00

好好生活的每一天

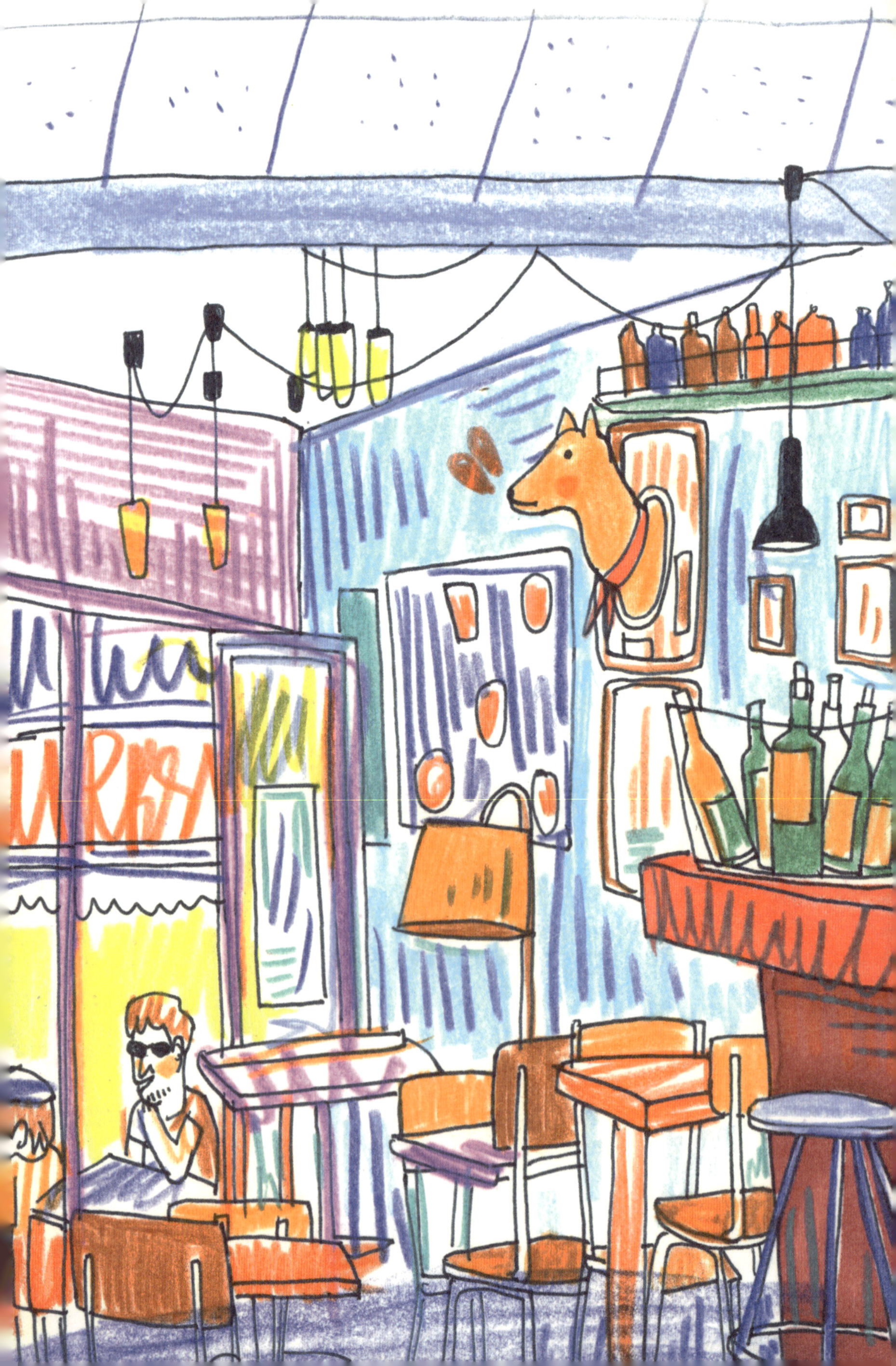

彩色咖啡館

第十三區有一家咖啡館，以前住在那裡的時候，我是這裡的常客。這家咖啡館門口的牆上會定期更換顏色繽紛的牆畫。在我心裡，總稱呼它「彩色咖啡館」。

這一天陽光普照，人們都坐在外面，我坐在裡面，把咖啡館畫成了彩色的世界。

咖啡館裡的人

畫咖啡館裡的人,是一件讓人愉悅的事情。

默默觀察,安靜畫畫。

下午外面很熱,坐在這裡,畫畫,乘涼。

不遠處,一位戴著耳機看手機的奶奶,她也和我一樣坐了一整個下午。

好好生活的每一天

手繪巴黎的每一天

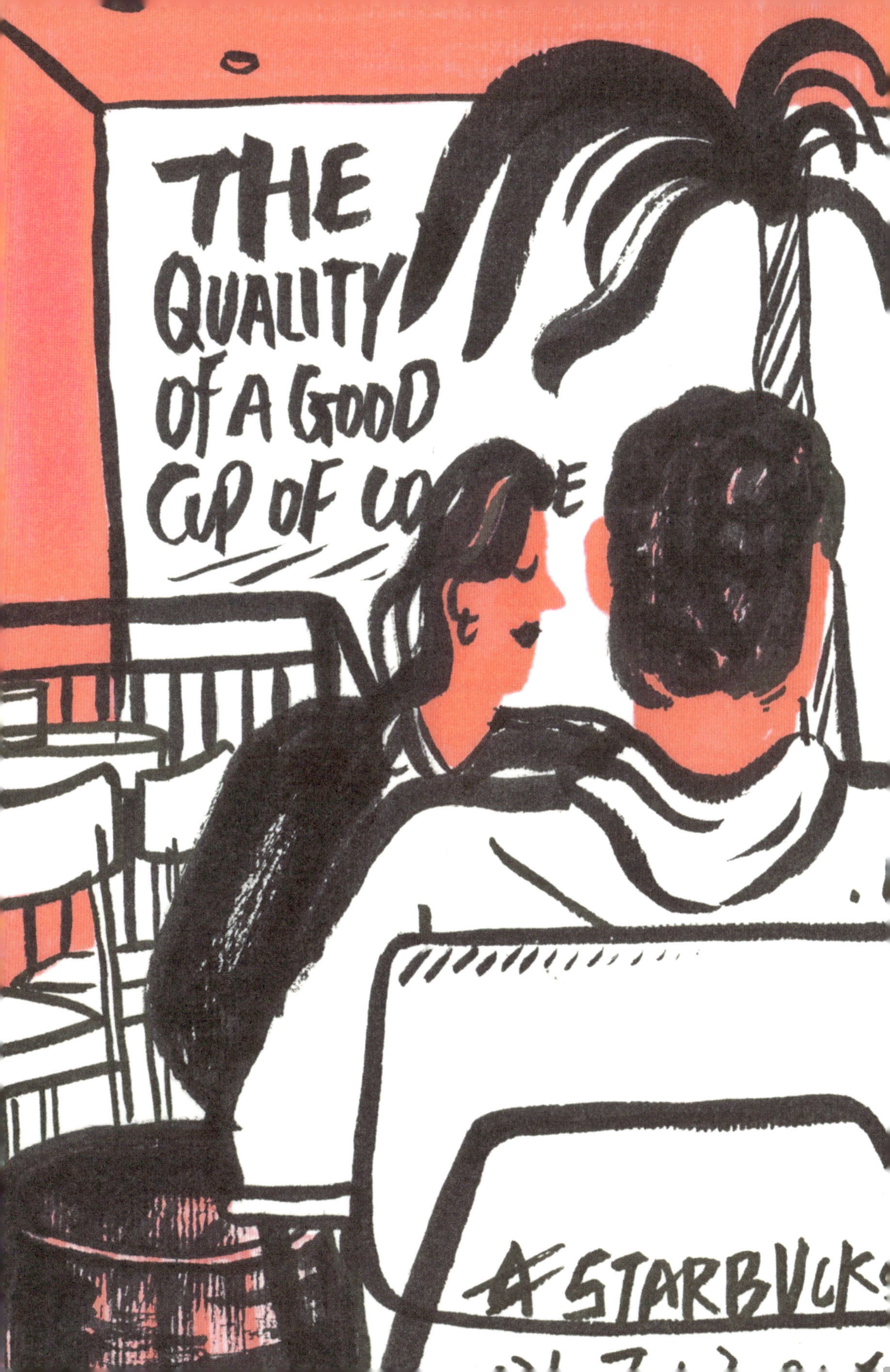
THE
QUALITY
OF A GOOD
CUP OF CO
E
STARBUCKS

巴黎博物館

畢卡索美術館

　　畢卡索美術館在我最愛的巴黎博物館中排名前三。因為我喜歡畢卡索，這個排名其實有點偏心。現在隱藏在巴黎第三區街巷中的畢卡索美術館，是經過2009年至2014年整修後的樣貌，館內收藏了畢卡索5000多件作品。每次來這裡，都帶著朝聖的心情。

　　當代西方最有創造力、影響最深遠的藝術家畢卡索，在我心裡，他是繪畫天才，是男神，是小可愛，也是老頑童。他的作品打開了我藝術世界的大門。初學畫時，看一張畫還停留在畫面的色彩和構圖，現在更加看重藝術家的經歷和故事，對藝術的創造力以及對生活獨有的表達。敬佩畢卡索對藝術的熱情，欣賞他任何時期的每一件作品。他是一位偉大的藝術家，是獨一無二的藝術創造者。

　　2019年，我專門去了一趟畢卡索的故鄉——西班牙南部海岸的城市馬拉加（Malaga），一個常年擁有陽光的海邊小鎮。那裡也有一座畢卡索美術館。我一直記得畢卡索說過的一句話：「繪畫不是使一個房間變得美麗，繪畫是一種進攻和防禦。」在他身上，我能感受到繪畫的力量。

◆畢卡索美術館參觀資訊

● 開放時間／
周二～周五：10:30～18:00；
周六至周日：09:30～18:00；
休館日：每周一

● 交通方式／搭乘地鐵1號線，在「Saint-Paul」站下車；地鐵8號線，在「Saint-Sébastien–Froissart」站下車

最新資訊，
請掃描QRCODE

好 好 生 活 的 每 一 天

▲畢卡索美術館外的街角

在羅浮宮裡速寫

　　巴黎哪個景點人最多？當然就是羅浮宮。35歐元辦一張「羅浮宮之友」的年卡（註），我就成了羅浮宮的朋友，可以一年內自由出入羅浮宮。一有空，我便鑽進羅浮宮，這座世界上最受歡迎的博物館，至今我還沒逛遍羅浮宮的每一個角落。一年夏天有一整個月，我幾乎天天在羅浮宮畫畫，展館裡的工作人員被問得最多的問題就是：「您好，《蒙娜麗莎》在哪裡？」遊客們聚集的地方是羅浮宮的鎮館三寶，但是在羅浮宮這樣一個巨大建築群裡，還有數不盡的藝術珍品。德農館（Denon Wing）、敘利館（Sully Wing）、黎塞留館（Richelieu Wing）……館中每一件藝術品都是無價之寶。

※編註：羅浮宮之友協會（Les Amis du Louvre）提供多種年度會員卡，價格如下：

- 單人會員卡：80歐元
- 雙人會員卡：120歐元
- 青年會員卡：
  26歲以下單人：15歐元
  30歲以下單人：35歐元
  26歲以下雙人：28歐元
  30歲以下雙人：60歐元
- 家庭卡：可作為額外選項添加至會員卡，價格為15歐元

最新資訊，
請掃描QRCODE

Mona Lisa
1503-1506

VICTOIRE DE SAMOTHRACE
190 avant J.-C.

好 好 生 活 的 每 一 天

作為鎮館三寶之一的《斷臂維納斯》是羅浮宮最珍貴的希臘藝術品之一。在她的面前永遠圍滿了遊客，大家從正面簇擁著這個「世界上最美麗的女人」。我站在她身後，看著雕塑和參觀的人們組成的畫面，想像著維納斯的前世今生以及她原本各種可能的動作。

◆羅浮宮參觀資訊

- 開放時間／
週一、週四、週六、週日：09:00～18:00；
週三、週五：09:00～21:00；週二休館
- 交通方式／搭乘地鐵1號線或7號線，在「Palais-Royal-musée du Louvre」站下車；地鐵14號線，在「Pyramides」站下車

最新資訊，
請掃描QRCODE

Vénus de Milo
130-100 avant J.-C.

我很喜歡古代埃及館的一隻藍色河馬陶塑，這是西元前1800年左右的文物。在它的身上能看到植物和小鳥的花紋。把這隻小河馬和當時的埃及聯繫在一起，想像一下尼羅河沿岸的景象⋯⋯

Statuette d'hippopotame
2033-1710 avant J.-C.

Serviteur vnéraire du voi Ramsès IV
1153-1147 avant J.-C.

chat assis
700-600 avant J.-C.

Flacon
1400-1300 avant J.-C.

Leportier du palais Royal Piay
1300 avant J.-C.

好 好 生 活 的 每 一 天

CHARLES V, ROI DE FRANCE
JEANNE DE BOURBON

《書記坐像》的創作年代更久遠，大約在西元前2600年～西元前2350年。書記員席地而坐，手裡拿著本子，右手是握筆的動作，但是筆已經沒有了。他好像正在記錄著什麼。金屬鑲嵌的眼睛，有神的目光。

羅浮宮從最早的防禦性堡壘變成皇家宮殿，再變成如今的博物館，裡面少不了大量法國國王的畫像及雕塑。這是查理五世和他的妻子。查理五世是藝術的積極保護者，他建造城堡並擴大了羅浮宮。這座雕像中，國王手裡端著一座教堂，他的妻子手裡是一本書。據說原先國王應該手持權杖，王后手持花束。

031

經常被問到這個問題：「在公共場所畫畫，別人看著你，會不會緊張啊？」的確，小時候學畫畫時，老師站在身後看著，我真的就不知道該畫什麼了。不過心理素質是可以鍛鍊出來的，之前學校安排上課和考試經常在羅浮宮，來來往往的人走過都會停下來看看，慢慢就習慣了。別人看我，我只是專心畫畫。

　　有一次，一位熱情的阿姨過來看我畫畫，問了幾句後，說：「你抬頭！我幫你拍張照！我兒子也是學畫畫的！」

　　我心裡雖然有點抗拒，但還是爽快地抬起頭，讓阿姨拍了張照。

好 好 生 活 的 每 一 天

LE PRÊTEUR ET SA FEMME 1514

▲《放款人和他的妻子》

黎塞留館有一塊《漢摩拉比法典》石碑,這是一塊高度超過兩公尺的黑色玄武岩。法典被刻在很多石碑上,羅浮宮的是最完整的一塊。石碑上面的浮雕刻著神將王權授予國王的場景,石碑下面是用阿卡德楔形文字(註)刻寫的法典銘文。

La Vierge et l'Enfant en majesté
1280

※編註:阿卡德楔形文字(Akkadian Cuneiform)是古代美索不達米亞的一種書寫系統,起源於蘇美人的楔形文字。

CODE DES LOIS DE HAMMOU-RABI

達文西五百周年展

　　羅浮宮舉辦的達文西五百周年展，史無前例，是達文西作品最多的一次紀念展。展覽最後三天可以通宵看展，凌晨和朋友到了羅浮宮入口，人還是很多。地下一樓有免費蛋糕、咖啡、茶可以領取。展覽看得熱血沸騰，領一杯熱茶、一塊蛋糕，感到很貼心。

　　這次展覽除了油畫，還難得地看到了達文西的大量手稿，還有世界著名的素描作品《維特魯威人》。因為有五百年歷史的紙質素描容易曝光受損，這幅作品每隔六年才短暫展出一次。看到原作已經是午夜，彷彿在夢裡，覺得不可思議。

能在凌晨三點的羅浮宮幸運地趕上「末班車」，看到那麼多嘆為觀止的作品，還有一個小故事。達文西展的最後一天，由於展覽太熱門，網路上很難搶到票。晚上八點半還和朋友感慨，好可惜，看不到達文西展了。結果九點半看到有人在轉讓門票，我試著聯繫轉票人，心裡其實沒抱希望，因為想買票的人太多了，結果對方說他有在社群網站上追蹤我，就把票送給我了，還說：「你一定一定要加油呀！」

　　達文西展讓我很難忘，來自陌生人的善意同樣讓我難忘。

67

龐畢度中心

大衛・霍克尼（David Hockney）2017年在龐畢度中心舉辦了個人大型回顧展。展覽很棒，從他早年求學階段的作品，到具有代表性的泳池系列、雙人像系列，最後以三十六個螢幕組成的四個季節結束展覽。從年輕的時候用寶麗來相機拍攝的照片做拼貼，到現在用平板電腦畫畫，他身上的藝術生命力，像大自然裡一棵鬱鬱蔥蔥的大樹，也像他筆下的樹和森林，所散發的能量一直受人們仰望。展覽結尾的牆上，他寫著「愛生活（love life）」。愛生活，是啊，是生活賦予藝術家靈感，創造出如此豐富的作品。

「我已經擁有足夠多的東西，也有足夠的理由開心生活。現在我想做的事情只有工作，我的生活裡有愛，我熱愛生活。當我創作的時候，我覺得自己就是畢卡索，覺得我只有30歲。」

——大衛・霍克尼（David Hokney）

◆龐畢度中心參觀資訊

- 開放時間／每日11:00～21:00；周二休館
- 交通方式／搭乘地鐵11號線，在「Rambuteau」站下車；地鐵1號線或11號線，在「Hôtel de Ville」站下車

龐畢度中心從2025年9月起閉館整修，預計在2030年重新開放。

最新資訊，
請掃描QRCODE

龐畢度的圖書館

◆龐畢度圖書館參觀資訊

• 開放時間／
周一、周三～周五：12:00～22:00；
周六～周日：11:00～22:00；
周二休館

　　龐畢度的圖書館是我去過次數最多的圖書館，它是龐畢度中心的一部分。看展覽從正門進入，去圖書館則要繞到後門，看到排得長長的隊伍就是去圖書館的方向了。圖書館共有兩層樓，可以自行翻閱圖書，還有一排排長桌供大家自習。去那裡讀書或做作業的時候，我會坐在有格子分隔的座位。休息時會拿著速寫本去人多的地方畫周圍的人。真的，圖書館裡的人都是最好的「模特兒」，他們的動作可以保持很久，是練習速寫的好機會。圖書館對公眾免費開放，任何人都可以去。門口有幾個看電視的地方，經常有流浪漢在那裡看電視節目。

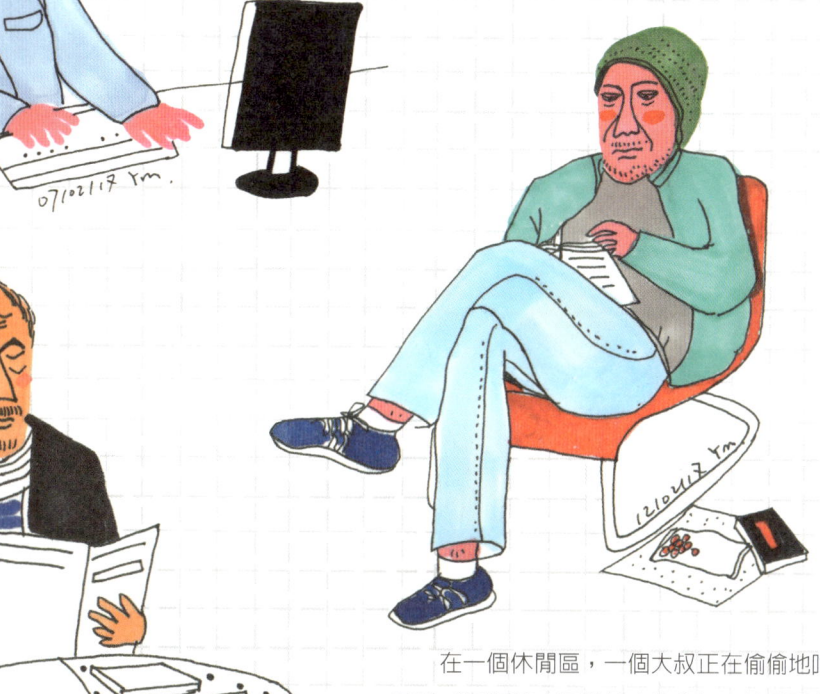

　　在一個休閒區，一個大叔正在偷偷地吃花生（圖書館內通常禁止飲食）。他發現我在畫他，對我笑了一下，還把花生藏起來了，真是可愛。有用放大鏡看雜誌的爺爺，有敬業的盲人圖書管理員認真工作著，有看書看到睡著、甚至在打呼的人，讓大家忍不住笑了出來。噢，對了，有時候地上會出現老鼠，當有人發現時，總會引起一陣小小的騷動。

橘園美術館

橘園美術館離羅浮宮不遠，坐落在杜樂麗花園。美術館占地不大，但每天的人流量可不少，因為莫內最有名的作品《睡蓮》系列就收藏在這裡。1918年，莫內將兩幅作品捐贈給了法國政府。橘園美術館一樓有兩個大大的橢圓形展廳，分別展出莫內的這兩幅作品。地下一樓的展廳，一部分展出畢卡索、盧梭、馬蒂斯、塞尚等大師的作品，另一部分則是定期的特展。巴黎有著數不盡的藝術展，這裡的藝術沒有高高在上，更像是許多平凡人生活裡的精神食糧。

◆ 橘園美術館參觀資訊

- 開放時間 / 每日09:00～18:00；周二休館
- 交通方式 / 搭乘地鐵1號、8號或12號線，在「Concorde」站下車

最新資訊，請掃描QRCODE

好 好 生 活 的 每 一 天

▲橘園舉辦的《達達非洲（Dada Africa）》展覽

馬約爾美術館

在巴黎一家私人美術館——馬約爾美術館（Musée Maillol），看到一個喜歡的展覽，主題是「從海關職員盧梭到塞拉菲娜——天真的大師們」（Du Douanier Rousseau à Séraphine — Les Grands Maîtres Naïfs）。

展覽裡所謂「天真」的藝術家們，大多是中年以後才開始畫畫，他們之前有的是基層職員，有的是送信的郵差，有的是家庭幫傭……最有名的就是四十九歲才開始畫畫並為世人所熟知的盧梭。他們的畫色彩鮮豔，充滿童趣，迷人又夢幻。一百多件作品第一次在巴黎聚在一起展出。我去看展是一個下午，展館裡的參觀者大部分是老年人。盧梭的畫前站滿了人，要等好一會兒才能近距離駐足在大師的畫前。

有一個藝術家畫大海，把層層疊疊的海浪畫得極為細緻，像大海蓋著一層層的被子；一個出浴的女人，面帶微笑，站在畫面前。這個藝術家叫保羅·佩羅內（Paul Peyronnet）。之前他是一名印刷工人，1902年移居巴黎後開始學習繪畫。受印象派畫家的啟發，他開創了一種風格，力求表現場景細節的真實性。很有趣，也很耐看。喜歡他筆下的大海。

◆馬約爾美術館參觀資訊

- 開放時間／每日10:30～18:30，每周三延長至 20:30；周二休館
- 交通方式／搭乘地鐵12號線，在「Rue du Bac」站下車；地鐵10號線，在「Sèvres-Babylone」站下車

最新資訊，請掃描QRCODE

好 好 生 活 的 每 一 天

手繪巴黎的每一天

趕上展覽的「末班車」，看到浮世繪的展。展廳裡光線很暗，葛飾北齋的《神奈川沖浪裡》用簾子蓋著，看畫的時候需要手動掀開簾子，不注意的話會不小心錯過。我在一旁畫速寫，看到真有人就這麼錯過了。

吉美博物館

巴黎吉美博物館（Musée Guimet）的全名是「吉美國立亞洲藝術博物館」，是埃米爾・吉美（Emile Guimet）於1879年在里昂創辦的。之後他把整個博物館捐獻給了國家，博物館於1885年搬遷到了巴黎。和巴黎其他熱門博物館相比，這裡算是相對小眾的。但我喜歡這家博物館，這裡收藏著大量中國文物，從新石器時代一直到瓷器的出現。一起看展的法國人到唐三彩前面都會駐足拍照。她們很美，我畫了張速寫，兩個紅紅的臉蛋，充滿了喜感。

◆吉美博物館參觀資訊

• 開放時間／每日10:00～18:00；周二休館
• 交通方式／搭乘地鐵9號線，在「Iéna」站下車

最新資訊，
請掃描QRCODE

好好生活的每一天

礦物學博物館

　　盧森堡公園附近有一個很小眾的博物館——巴黎礦物學博物館。我在「巴黎不眠夜（註）」這一天，我避開了熱門博物館，來到這個寶石的世界。不太起眼的門面裡，是一個規模龐大且享有盛名的礦物學樣品收藏機構。資料上說，博物館創辦於1794年，藏有超過十萬件礦物學樣品，其中包括約八萬塊礦石、一萬五千塊岩石、近四千塊鐵礦、四千塊隕石、七百件寶石和近三百件人工礦石。「巴黎不眠夜」這一天，好多爺爺奶奶擔任志工，為大家進行講解。看著一排排的寶石，感嘆最美的顏色永遠在大自然裡。

註：「巴黎不眠夜」（Nuit Blanche）是巴黎每年舉辦的一項大型文化活動，始於2002年，在每年十月第一個周六晚上舉行。這一天巴黎大部分博物館徹夜開放，市民和遊客都可免費入場。

◆ 礦物學博物館參觀資訊

• 開放時間 /
周二～周五：13:30～18:00；
周六：10:00～12:30，14:00～17:00；
周日、周一休館

• 交通方式 /
搭乘地鐵4號線，在「Saint-Placide」站下車；地鐵12號線，在「Notre-Dame-des-Champs」站下車

最新資訊，
請掃描QRCODE

巴黎當代美術館

　　巴黎當代美術館於2016年舉辦了法國畫家貝爾納・布菲（Bernard Buffet）的回顧展。他是一位二十世紀的法國表現主義大師，從早期成名，到後來漸漸隱退，作品風格隨著他多舛的命運而變換。

　　從一號展廳開始，展出的是二十世紀1940至1950年代灰色系的作品，到中期瘋狂的宗教女人、小丑、魔鬼……最後以1999年他自殺前的「死亡系列」結束整個展覽，非常震撼。博物館展出的大量油畫以及手稿，讓參觀者能跟隨他的作品，走完他的一生。

　　一邊看展，一邊畫下了喜歡的兩幅畫作：《吃煎蛋的男人》和《自畫像》。

◆巴黎當代美術館參觀資訊

- 開放時間／周二～周日：10:00～18:00；周一休館
- 交通方式／搭乘地鐵9號線，在「Alma-Marceau」站下車；地鐵6號線或9號線，在「Trocadéro」站下車

最新資訊，請掃描QRCODE

教堂在歐洲隨處可見,喜歡在教堂裡速寫,安靜地觀察每一個做禮拜的人。

每個人心裡都會有一個信仰和祈願。教堂是一個會發光的地方。

推薦必訪的巴黎書店

❶ 藝術書店Artazart

　　聖馬丁運河旁邊的藝術書店Artazart，被稱為「全球十大最具藝術氣息與設計感書店」。圖書主要分為三類：設計、攝影和插畫。這裡新書上架的速度快、選書品味佳，定期有插畫家的展覽，並販售精美的印刷品。我最喜歡的部分，是這裡有一整個房間都是繪本。逛完書店，在聖馬丁河邊坐坐，舒服極了。

◆Artazart設計書店

- 地址／83 Quai de Valmy, 75010 Paris
- 最近的地鐵站／5號線「Jacques Bonsergent」站
- 營業時間／周一～周五：10:30～19:30；周六：11:00～19:30；周日：13:00～19:30

好好生活的每一天

❷ 獨立書店ofr.

　　這家書店早在1996年就成立了，銷售獨立報紙雜誌、藝術書籍、唱片以及二手書。書店後面有一條狹窄的通道，走過去就是書店的畫廊。它宛如巴黎獨立書店的先鋒代表，其店名 Ofr. 正是代表著 open（開放）、free（自由）、ready（準備好）的精神。

◆Ofr. 獨立書店

● 地址／
20 Rue Dupetit-Thouars, 75003 Paris
● 最近的地鐵站／
3號線「Temple」站；3、5、8、9、11號線「République」站
● 營業時間／
周一～周六：10:00～20:00；
周日：14:00～19:00

❸ 宛如藝廊的Librairie Yvon Lambert

　　從外面大大的玻璃窗就能看到店裡擺滿了書籍。這家書店外觀簡潔，藝術類圖書和雜誌種類齊全。書店老闆在二十幾歲的時候就擁有自己的畫廊，幾十年後開了這家同名書店，店內時常舉辦小型藝術展覽。書店對面不遠處，曾經有一家動物標本店；轉個彎，便是一個三層樓的畫材店，規模驚人。再往前走幾步，有一家法國本土的文具店。平時來到瑪黑區，這幾家店總要逛個遍。

◆Librairie Yvon Lambert書店

- 地址 / 108 Rue Vieille du Temple, 75003 Paris
- 最近的地鐵站 / 1號線「Saint-Paul」站；8號線「Filles du Calvaire」站
- 營業時間 / 周二～周六：10:00～19:00；周日：13:00～19:00；周一休息

Yvon Lambert
ART BOOKSHOP
2019 YM
LIFE IS FANTASTIC
BALI QUENTIN DE BRIEY
HEROIN AND COCAINE

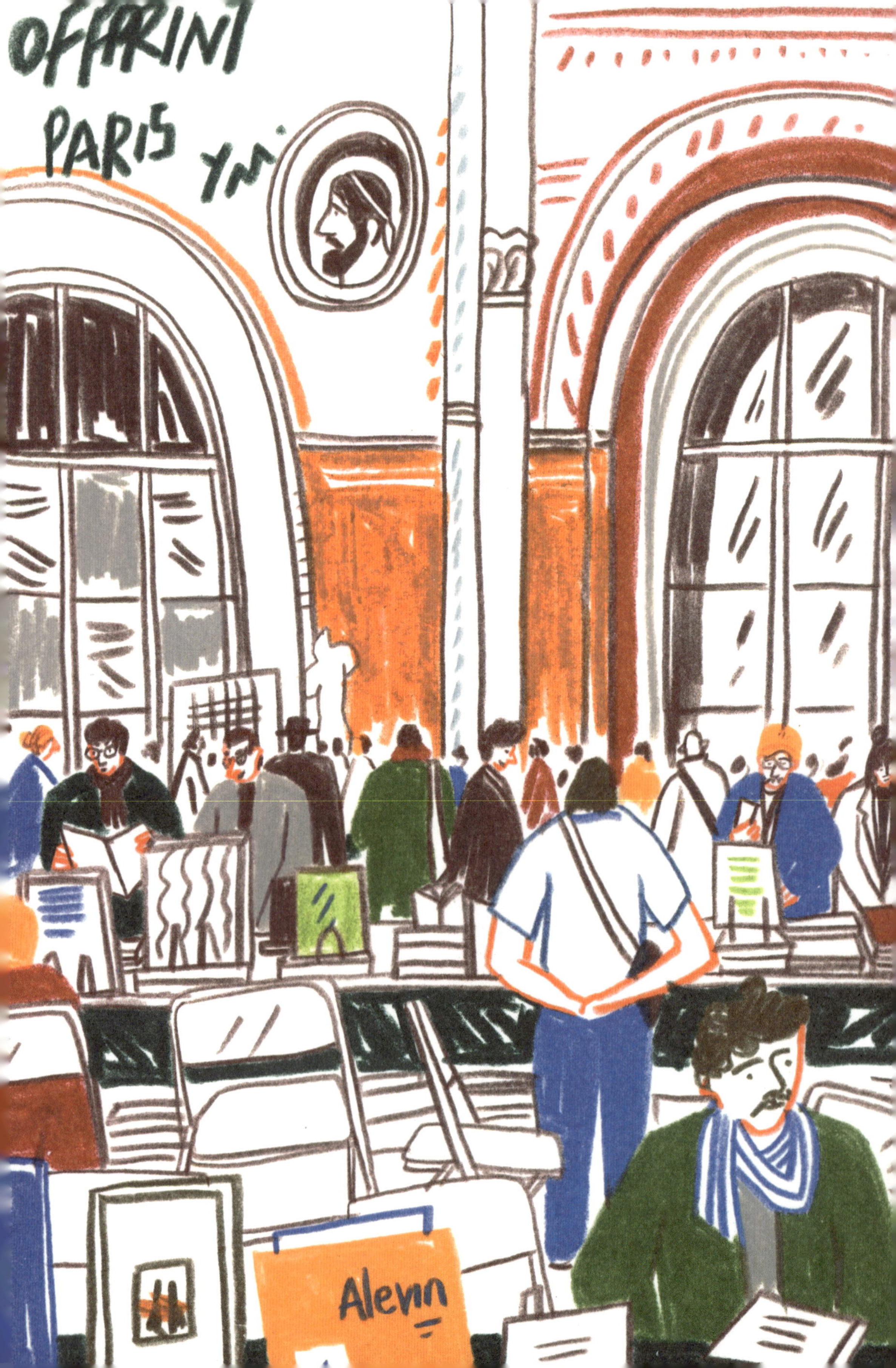
OFFPRINT
PARIS
Alevin

巴黎的特色書展

　　Offprint獨立藝術書展，每年會在巴黎美術學院（École Nationale Supérieure des Beaux-Arts）舉辦，展出來自十幾個國家、上百家獨立出版機構的圖書。每一個攤位的水準都非常高。這場書展總是讓人忍不住掏空錢包。當然，我願意花錢支持紙本媒體。

　　巴黎童書展通常在十一月左右舉辦，為期三天的書展就像法國童書、繪本、漫畫的大聚會。大大的展館裡熱鬧非凡，兩層樓都擠滿了人。每年這個時候，學校會停課一天，以年級為單位，安排學生去參加書展活動。我時常能看到白髮蒼蒼的老人在展位前專注地簽書。作為插畫家也好、藝術家也好，他們畫了一輩子的畫。有些畫家即使行動不便，但拿起畫筆依舊專注認真的樣子，很令人敬佩。

稍縱即逝的生活間隙

　　時間越過越快。很多生活瞬間，隨著時光流逝逐漸被淡忘。但只要我打開速寫本，連畫面裡那一天的溫度都能想起來。地鐵裡、咖啡館裡、等車時、等上菜時⋯⋯稍縱即逝的生活間隙，一頁又一頁，填滿了我一本又一本的速寫本。剛來法國時，日記本上寫了一段話：

　　「留學不是旅行，只是換個地方繼續平淡地生活，看過往的行人，熟悉回家的路。許多想說的話會隨著麵包吃到肚子裡，咀嚼著咀嚼著，發現孤單變成了最好的朋友。」

　　幾年後，我在這段話後面接著寫道：

　　「留學不是旅行，換個地方，更要珍惜眼前的生活，看過往的行人，愛這座城市帶給你的一切。想說就說，想畫就畫，一天又一天，發現自己是最好的朋友。」

好 好 生 活 的 每 一 天

巴黎的網購並不發達，在這裡很多便利消失了，辦事情需要跑來跑去。每天確認電子信箱，地鐵裡沒信號……但可以看很多展覽，戶外跑步，周末逛市集，自己做飯，安心畫畫……

在法國，五月一日當天，人們會互相贈送鈴蘭花，因為這一天鈴蘭能帶來好運和幸福。路邊和地鐵站出口隨處可見賣鈴蘭花的攤位。

巴黎街角的花店

母親節這天,花店排起了長長的隊伍。

跟我們不一樣,法國的母親節在五月的最後一個星期日。

我買了一束花,打算送給房東。

27/07/2018 36°C

　　巴黎的夏天不算很熱，很少出現35°C以上的高溫，所以法國人家裡很少有冷氣。一方面是因為夏天短暫且冬天有暖氣；另一方面是因為法國的建築古老，政府規定居民不可以私自在建築外牆上安裝空調。據說，如果想裝空調，需要先向政府申請許可。

　　每年遇到高溫炎熱的天氣，我就會去博物館或圖書館裡待著。近幾年夏天的高溫期明顯變長了，想到全球暖化的問題，減少使用空調也算是為環保做一點貢獻。

好 好 生 活 的 每 一 天

法國鄉下的房子

　　這是一座獨棟的房子，前後被自家的樹林環繞，院子裡有各種果樹，還養著兩條大狗。住在這裡的是一位會計師，每周開兩小時的車去一趟巴黎，其餘時間都在家工作。他帶我們去了房子後面的一片樹林，走著走著出現了一個水池，那是他平時釣魚的地方。

超市裡的番茄調色盤

法國的連鎖超市 Monoprix 是我平時最常光顧的店家。超市裡有一塊專門賣彩色番茄的區域,各種顏色和形狀的番茄放在一起,我數了數,一共十三種。堆在一起,就像一個五彩繽紛的調色盤。

好 好 生 活 的 每 一 天

法國長棍麵包

家裡附近超市的一樓,有一個專賣麵包和蛋糕的區域。我常常買一個可頌,靜靜坐在一旁畫速寫。

來到法國後,麵包變成了我的主食。從剛出國不會煮飯,每餐都啃麵包,現在卻愛上了法國麵包,也學會了烹飪。法國麵包種類繁多,但我最愛的還是長棍麵包。住處附近的一條街上有三家麵包店,每家都有賣長棍麵包,同樣外酥內軟,時間久了也能吃出微妙的區別。中午和傍晚,每家店的門口都會排起長長的隊伍,等著買長棍麵包。

長棍麵包是法國人的摯愛,也是餐桌上的常客,一日三餐都可能會出現在餐桌上。法國人每年能吃掉六十億根長棍麵包,甚至申請將長棍麵包列入聯合國教科文組織的非物質文化遺產名錄,由此可見長棍麵包在法國的地位。

好 好 生 活 的 每 一 天

MONOPRIX
aison FONDée en 1932.

國王餅

　　我特別喜歡一月，因為可以吃到國王餅（Galette des Rois）。一月六日是天主教的重要節日——主顯節（Epiphany），法國人會在這一天吃國王餅。一月在每家蛋糕店、麵包店都能看到國王餅。以前每個國王餅裡都藏有一顆蠶豆（法語稱為fève），現在變成了藏一個小瓷人，誰吃到小瓷人，就可以當一天的「國王」，其實就是象徵性地戴一下王冠。上學的時候，這一天會和班上的同學一起分吃國王餅，我太愛吃這個由千層酥皮與杏仁奶油餡烤製的食物了，放學後還會買一整個帶回家。過了一月就吃不到了，真想囤上一百個香香甜甜脆脆的國王餅啊！

好好生活的每一天

　　我的手機裡保存了六個城市的天氣，每天習慣性地打開看一遍。杭州和上海的夏天最長，那裡有我的朋友；吉林四季分明，那裡有我的家人；雷克雅維克的好天氣不多，那裡有我的詩和遠方。馬拉加也在列表裡，因為每天都能看到一整排的太陽，即使身在巴黎，也能感受到那裡的溫度。

手 繪 巴 黎 的 每 一 天

好 好 生 活 的 每 一 天

麥當勞的寫生課

　　有一天晚上在麥當勞畫畫，路過的店員看到說：「畫得好棒！」過了一會兒，這個店員把店長叫出來看我的畫。又過了一會兒，裡面做漢堡的、炸雞塊的都出來看我的速寫本……當時是晚上，店裡人不多，大家看了半天，又拍照又合影，還問我能不能上傳到社群網站。他們可開心了。

　　畫面裡的店員，在我舉起本子拍照的時候還對我笑。看著他們開心，我也很開心。

　　地鐵站出口賣水果的男子，隔著麥當勞的玻璃，我也把他畫了下來。架子上剩下的水果不多，希望他能早點賣完，在這個寒冷的夜晚，早點回家。

067

手繪巴黎的每一天

從高處欣賞巴黎風景

巴黎的高層建築不多，因緣際會下，我住進了塞納河畔的一棟大廈，二十樓是我現在的家。站在窗邊，可以俯瞰大半個巴黎，密密麻麻的灰色屋頂和小煙囪成了這座城市的標誌，在不同光線的照耀下，會呈現出不同的巴黎。更多時候，我會趴在窗前，看天空、看雲、看雨，偶爾還能看到彩虹。與自然貼近的感覺，讓我在家裡心情很好。

好 好 生 活 的 每 一 天

盧森堡公園

我喜歡在盧森堡公園裡的躺椅上曬太陽、畫畫。公園裡綠樹成蔭，噴泉和名人雕像隨處可見，其中最有名的當屬美第奇噴泉（Fontaine Médicis）。在盧森堡宮前的噴泉水池，有一個來自十七世紀的娛樂項目——帆船競賽。大人會幫小朋友租遙控小帆船，在中間的大水池裡玩耍。

我尤其愛看公園的四季變化，秋天的時候，這裡有一棵巨大的銀杏樹會變得金黃。

好好生活的每一天

▲餵鴿子的男人

手繪巴黎的每一天

JARDIN
DES Tuileries
PARIS

杜樂麗花園

　　杜樂麗花園位於羅浮宮前，是巴黎最古老的公共花園之一。花園裡有樹林、有雕像、有大大的八角水池、有不同種類的花鳥，公園裡還有很多鴨子。橘園美術館就在花園的一角。花園裡隨處可見橄欖綠色的公共座椅，椅子分為兩種，一種可以讓你的身體躺在上面，另一種是正常坐著的。天氣好的時候，圍著水池的公共座椅就會變得一椅難求。以前在附近跑步或者散步時，總會特意繞進花園，找一個空位坐一會兒。在這個花園裡，能真切感受到法式浪漫。

巴黎植物園

　　第五區的「巴黎植物園（Jardin des Plantes）」是我最喜歡的公園之一。整個植物園分為幾個部分，有與自然相關的博物館和動物園，也有很多「園中園」，比如玫瑰園、阿爾卑斯花園、鳶尾花園等。為了讓大眾更了解每種植物，每個植物或區域前都能看到一個小牌子。植物園裡還有一所植物學校。

◆巴黎植物園參觀資訊

- 開放時間／每日07:30～20:00；溫室、博物館、動物園的開放各異，請參考網站
- 交通方式／搭乘地鐵5號線，在「Austerlitz」站下車；地鐵7號線，在「Jussieu」站下車

最新資訊，請掃描QRCODE

看到蕭邦談巴黎的一段話：「巴黎有你希望的一切，可以歡笑、憂傷、嬉笑、哭泣，可以做一切喜歡的事，誰也不會看你一眼，因為這裡成千上萬的人與你相同，各走各的生活之路。」就像在花園裡，有看書的人、發呆的人、曬太陽的人、餵鳥的人、畫畫的人……沒有人會多看你一眼，大家都過著各自的生活。

好好生活的每一天

博瓦勒動物園

　　巴黎郊外的博瓦勒動物園（ZooParc de Beauval）時常會在地鐵裡打廣告，海報上的主角永遠少不了中國的熊貓「歡歡」和牠的寶寶「圓夢」。「圓夢」是第一隻在法國出生的熊貓。牠的父母「圓仔」和「歡歡」是2012年中國借給法國的熊貓大使，借期為10年。這麼多年來，牠們成了這裡的鎮園之寶，法國人太喜歡可愛的熊貓了。

◆博瓦勒動物園參觀資訊

- 開放時間／每日07:00～19:00
- 交通方式／從巴黎搭乘火車至「Gare SNCF de Blois」、「Gare SNCF de St Pierre-des-Corps」或「Gare TER de St Aignan - Noyers sur Cher」，然後轉乘計程車或巴士前往

最新資訊，
請掃描QRCODE

巴黎迪士尼樂園

　　法國的迪士尼樂園位在巴黎郊區，搭乘一小時的火車就能到達。這裡不僅是孩子們的天堂，也是大人尋找童真的地方。有一次我看到一對手牽手逛迪士尼的爺爺奶奶，他們戴著米老鼠口罩，爺爺的書包上掛著迪士尼的鑰匙圈，奶奶披著帶星空的圍巾。那畫面非常浪漫，像兩小無猜的愛情從年幼延續到白頭。

　　記得有人說過：「在迪士尼，小朋友即使摔倒了也不會哭，會馬上爬起來，因為玩都來不及呢，要趕快爬起來繼續玩。」是啊，把生活當成遊樂場，摔倒了就不會哭。

◆巴黎迪士尼樂園參觀資訊

- 開放時間 / 全年開放，具體營業時間可能因季節和特殊活動而有所調整
- 交通方式 / 從巴黎市中心搭乘RER A線，前往終點站「Marne-la-Vallée – Chessy」站，車程約40分鐘

最新資訊，請掃描QRCODE

好 好 生 活 的 每 一 天

077

▲ 晚上九點半的泳池，是城市夜晚裡的小樂園。

巴黎的游泳池

　　一個小孩坐著輪椅來到游泳池,他患有帕金森氏症。在小泳池裡,他使用特製的游泳圈,爸爸一直在他身邊推動泳圈,他一直笑得很開心。

　　有一周我每天游泳,會把速寫本也帶進去。游泳是畫畫、吃飯以外的第三件事,這三件事能讓我的一天過得非常充實。游泳的時候我會好奇周圍的人在想什麼,會像我一樣記不清楚游了幾公尺嗎?靠著泳池邊借助懸浮條游泳的奶奶,肯定不止八十歲了,她在想什麼呢?真的有人身上像長滿了海草⋯⋯觀察周圍人身上的刺青,有一位男士紋了一個漢堡在身上。碰到一個全程舉著手直立游泳的人,被戳中笑點的我只能換個泳道。用蛙式游泳時我可以想心事,用自由式游泳時我會默念加油,用仰式游泳時,就只能擔心後面有沒有人。一個大叔過來看我畫畫,說我很幸運可以畫畫。救生員也來看我畫畫,下次要問問那高高的位置能不能借我坐一會兒。泳池裡每個人都像不同的魚,在不同的光線裡自由游動。

一個男人從泳池裡上來的那一刻，我才發現他的一條腿是義肢。他行走緩慢，一步一步走到更衣室。今天在游泳館的正能量來自於他，我沒有理由不好好生活。

好 好 生 活 的 每 一 天

　　相信生活中有趣的人、才華橫溢的人永遠比我們看到的多得多。不需要別人的讚揚和關注來證明生活的意義和自己的價值。專注於自己的每一天，人生就很酷了。

手繪巴黎的每一天

畫畫不是生活的全部，
但無論走到哪裡，
都想用畫筆把生活裡有趣的瞬間記錄下來。

好 好 生 活 的 每 一 天

Péra
Sortie
Balard
Alarme
Dans le métro un homme lit le journal :
Ym. Paris

巴黎地鐵

　　幾年前，巴黎地鐵裡看書的人很多，年紀稍長的人還喜歡玩報紙雜誌上的數獨遊戲。

　　這幾年，地鐵裡看手機的人占大多數，主要是因為地鐵裡的收訊變好了。記得剛到巴黎的時候，很多地鐵線的收訊都不好，只有經過大一點的站時，手機才會有收訊。那時候和國內的朋友聯繫，只要走進地鐵站，我就會說：「我要下地鐵了，沒收訊啦！」朋友會開玩笑說：「你又要進到原始社會了。」說實話，「原始社會」也挺好的，身邊有書，有一份安寧。

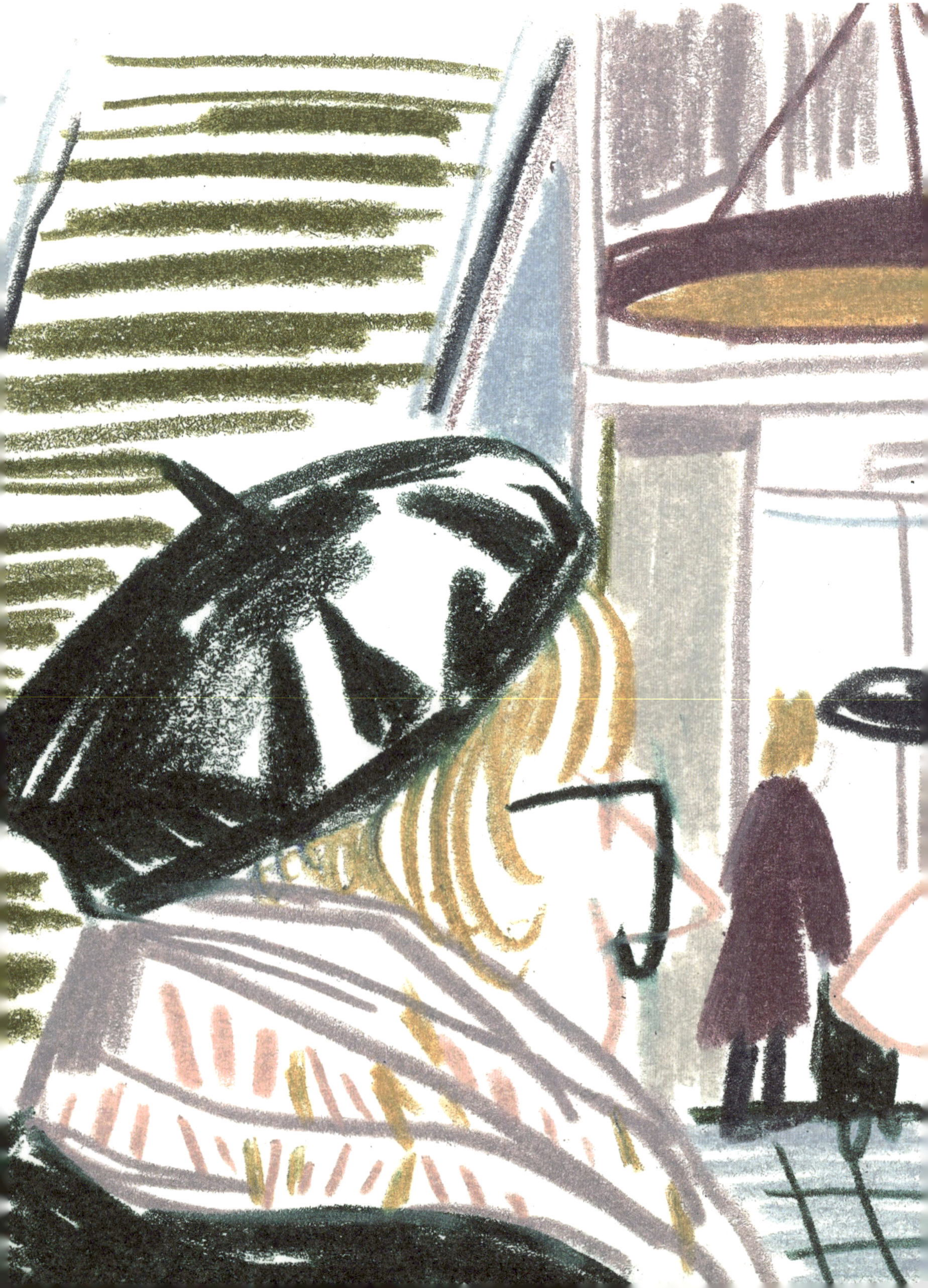

好好生活的每一天

巴黎邂逅的人

不怕變老，優雅地老去是我能想到最美好的樣子。

不知道從什麼時候開始，我喜歡記錄生活中遇見的老人。從精緻優雅的老人身上，總能看到歲月留下的美好痕跡。

經常能看到巴黎奶奶推著一個小手推車，手推車裡有一隻同樣上了年紀的小狗。這些小狗多數是那種灰灰的、毛髮很長的品種。

巴黎奶奶

冬天裡，巴黎奶奶有一個經典穿搭：上面穿著厚厚的大衣，下面穿著絲襪。即使上了年紀、行走緩慢，她們仍然有精緻的妝容和講究細節的搭配。受法國十八世紀女權運動的影響，女人獲得了更多自由和思想上的獨立。法國女人的優雅不分年齡，帶著自信的魅力。

日本奶奶

　　一個人在冰島旅行時，我住在一家青年旅館裡，大部分是年輕人，但我遇到了三位老人。第一位是日本奶奶，我連續三天都在公共廚房見到她，短髮、瘦小、很幹練。只要看到她，她都是一個人默默地準備食物。在青旅的廚房，大多數人吃速食，這個日本奶奶用奶油煎牛排，做豐富的沙拉，切好幾樣水果，配上飯後咖啡，晚餐一個人還會喝罐啤酒。我喜歡看她慢條斯理地做這一切。

　　最後一天，我們在一張桌子上吃早餐，我好奇她來冰島的目的，她說一個人來冰島健行。她會說一點法語，我不知道她的經歷，她看上去很瘦小，卻能在這樣的年齡保持這麼好的體能，去看遍世界上的人事物，讓我覺得能好好吃飯、注重營養、堅持戶外運動的人，一定是有大智慧的人。

兩個挪威奶奶

　　在青年旅館，住在我對面床位的是兩個挪威奶奶，兩個好朋友一起來冰島旅行。晚上大家在公共區域時，看到她們在做攻略。兩人拿了兩張大大的地圖，一個查交通路線，另一個在城市地圖上標記要去的地方，本子上寫得滿滿的。兩個奶奶都戴著老花眼鏡，一邊研究、一邊討論，那畫面真的好可愛。她們充滿活力，白天去過的地方，晚上回來會說哪裡哪裡太棒了，看過的高科技展覽太酷了，興奮得像孩子一樣。看著她們，我希望自己老的時候也能和閨蜜一起旅行，並一直對這個世界充滿期待。

Je suis passée devant une boutique.

Paris / Ym.

> 路過一個精緻的小店，一位奶奶坐在中間，門框變成了畫框，眼前看到的變成了一幅畫。

一對夫婦

　　有一天下午，我在咖啡館畫畫，隔壁桌坐了一對夫婦，兩個老人邊喝咖啡邊看書，很長時間都沒有交談。過了一會兒，爺爺拿出一副棋，邀請奶奶一起下，兩個人開始有說有笑地下棋，玩了一會兒後，他們又各自回到書本前。爺爺說餓了，奶奶說：「那我們回家吧。」

　　我一直記得，兩個老人相偕走出咖啡館，手牽手消失在夕陽裡的畫面。那相濡以沫、相扶到老的畫面，讓人感動不已。

法國奶奶

　　有一次去第三區的一家華人理髮店剪頭髮，期間有一位法國奶奶走了進來。她一頭白髮，穿著淡綠色的裙子和白色皮鞋，優雅的妝容會讓人忍不住多看幾眼。

　　她去洗髮的時候，剪頭髮的中國阿姨和旁邊的人說：「這個老太太是我們的常客，很有錢，住在富人區，每次都指定老闆娘做頭髮。以前她有一個很恩愛的老伴，每次都陪她一起來，但是，唉，去年過世了。」

　　「這老太太現在一個人也挺好，很堅強，還是定期做頭髮、美甲。」

　　我坐在一旁，看著正在享受頭部按摩的奶奶，覺得她比剛進門時更美了。心想，能夠在失去後繼續好好生活，不就是對愛你的人最好的愛嗎？

　　歲月沉澱下來的不僅僅是皺紋，優雅的不僅僅是妝容。

　　很多有能量的事物不需要太多言語，就像時間、陽光、愛，其中也有悠然自得、瀟灑生活的老人們。

mimi

　　有兩位法國女人對我的影響深遠。一位是在生活上，另一位是在專業上。前者是我剛到法國時的房東，後者是我的第一位插畫老師。

　　剛出國的第一年，我住在一位法國人的家裡。房東是一位六十多歲但看起來像四十多歲的法國女人蜜雪兒（Michelle），我叫她mimi。所有讚美法國女人的形容詞放在她身上都不為過──優雅、自信、獨立、風格獨具，最重要的是她對生活的態度認真、充滿能量。先不講她豐富又曲折的人生故事，就說說生活中的小事。mimi每天閱讀、每天看一部電影。六十五歲的她每周堅持游泳，定期去美甲，把家布置得溫馨又豐富。一個人能做一頓美味的法式大餐，也能自己粉刷房間、整理花園。無數的生活細節，讓剛出國時的我對她無比敬佩。

　　春天時，mimi 會在花園裡種植不同的植物，還會在每株植物上插上可愛的小牌子標記名字。放學回來時，看到她穿著運動服，在花園裡認真修剪檸檬樹的樣子就像個少女。周末晚上，她會穿上一身小黑裙配上皮衣，和朋友一起去聽音樂會。出門前，她總會對我說：「烤箱裡有我做的蛋糕，記得吃喔。」然後背上包、噴幾下香水，瀟灑地出門了。假期裡，mimi 會去海邊小住，也會和幾個朋友開著吉普車穿越美國沙漠。平時，她會帶著我一起看展覽，參加家庭聚會。那一年是她退休的第一年，也是我出國的第一年。她開玩笑說，她是我在法國的第二個媽媽。很幸運，剛出國就和她住在一起。她可能是法國女人的一個縮影，讓我看到一個人如何把生活過得如此充實。

好好生活的每一天

　　mimi在花園裡種了馬鈴薯、番茄、櫛瓜、芹菜、香菜……以及好幾種我叫不出名字的植物。花園裡還有兩棵樹——紫藤和無花果，草地上有兩個沙灘椅，天氣好的時候可以看書、曬太陽。在花園裡偶爾能看到壁虎。她讓我想起塔莎奶奶（註）——那位著名的插畫家兼作家，曾獲英國女王頒發的終身成就獎。農莊生活一直是她的夢想，最後她選擇回歸田園，並用自己的方式證明，人人都可以成為生活裡的藝術家。

※編註：塔莎・杜朵（Tasha Tudor）是一位美國著名的插畫家和兒童文學作家，曾為超過100本兒童書籍插畫。她選擇與現代生活保持距離，住在美國佛蒙特州的一座自建農舍裡，過著自給自足的田園生活。

伊莎貝爾

　　伊莎貝爾（Isabelle）是我在法國的第一位插畫老師。她是一名知名的插畫家，也是我們的插畫課老師。當時插畫課只是眾多科目中的其中一門，但我特別喜歡插畫，也很喜歡上她的課。她的課我從未遲到，作業也很用心完成，幾乎每次期中或期末考都能拿到班上最高分。我之所以特別感謝她，是因為她對我既嚴厲又充滿鼓勵。她會毫不留情地指出畫作裡的問題，但當她看到令她滿意的作品時，也會大聲表揚你。當然，法國人從不吝嗇稱讚別人，不管是真心還是出於禮貌，都會給人信心和力量。這麼多年過去了，現在我在網路平台上分享畫作時，她仍會為我的作品按讚。就像還在學校時她鼓勵我的那句話：「藝萌，你以後一定會成為優秀的插畫家。」

　　畢業後，我去了另一所學校的插畫系繼續深造。很巧的是，第一天插畫課的老師也叫伊莎貝爾。她們不僅名字一樣，還彼此認識。這位老師對我也很好。「身為插畫家，必須隨時記錄生活，去畫速寫，這是插畫家的態度。」這是她第一堂課上說的話。自從那天起，我每天都會畫速寫，無論走到哪裡。我很感謝她，因為我發現，所有的畫中，我永遠覺得速寫本是我最寶貴的作品，它記錄了我的生活和成長。

跳舞的女孩

　　以前班上有個女孩，畫畫超有靈氣，線條用得很隨性。後來才知道，她很喜歡跳舞，參加過比賽。她跳的是那種彩帶舞，搖動的彩帶就像她畫畫的線條一樣。她的畫真的非常出色，不過學校的課程並不適合她。

　　女孩很愛起司，甚至在上學期間找了一份起司店的打工。有一天，只有我和她在教室，她突然接了一通電話，回來時好興奮，說起司店錄取她了！她開心到直接跳了起來，那時候我還每天為大量作業壓力大到不開心，看著她那麼雀躍，真的覺得她很可愛。

　　後來，她沒有繼續讀研究所，而是選擇繼續跳舞，她說，自己還是更愛舞蹈。我既意外又為她感到高興，我對她說：「妳很酷耶！」我真的佩服她的勇氣，敢重新選擇，不計較得失，只選擇自己喜歡的事，真誠又勇敢。

　　現在還能偶爾看到她很有靈氣的速寫，我會想像她在舞台上自由舞動的模樣，想像她閒暇時間在起司店打工面帶笑容的樣子，就像剛認識時她給我介紹一種起司，我沒吃過，第二天她就帶來讓我品嘗時的那個笑容。

流浪漢

　　巴黎第十五區有一排地下通道，裡面住著許多流浪漢。每次路過，內心都會被觸動一下。他們直接睡在路邊，但每個地方的布置都非常用心。這些露天的「家」裡，有床、有書架、有玩偶、有擺設，甚至還有一個人在牆上貼了一大張世界地圖，上面貼了許多星星。聖誕節的時候，會擺出塑膠製的聖誕樹，旁邊圍著一圈被丟棄的娃娃。

　　住在房子裡的人可能沒有歸屬感，睡在路邊的流浪漢卻能讓心中有個家。他們的「家」真令人震撼，精心布置得像是一件件藝術裝置。在經過他們的允許後，我拍了幾張照片。

　　任何人都有好好生活的權利。每個人都在努力好好生活。

好 好 生 活 的 每 一 天

手繪巴黎的每一天

親愛的路人

買了一個超大的東西,箱子高達一百二十公分,店裡剛好只有一個現貨,網路上訂購要等好幾天。我想說,從店裡走回家只要六分鐘,不等了,慢慢扛回去吧⋯⋯

但出了百貨公司,過了一個馬路我就後悔了。百貨公司裡的地板光滑,拖著還可以走;一走到馬路上,真的太重太難拖了。而且回家的路是社區地下的通道,沒辦法叫車,只能硬著頭皮繼續拖行。

這時候,先來了一個韓國阿姨,開著一輛貨車停在我旁邊,用韓文跟我說話。我回她法文,說我不是韓國人,但她還是用韓文說了幾句,就開車走了。

繼續走了一小段,一個施工的人過來,說他有車要不要幫忙。我向他道謝,說:「不用不用,兩分鐘就到了!」他就走了。

離家不到一百公尺的時候,草坪裡冒出來一個黑人大哥,問要不要幫我抬。我還是回他:「不用不用,馬上就到了。」他竟直接把箱子抱起來,說幫我送到家。快到家的時候,他問我住哪一戶,我心裡還在想,他該不會要幫我搬上樓吧?結果,他真的幫我把箱子搬進了電梯,還笑著跟我說:「加油,祝你有愉快的一天!」然後就轉身走了。

來自陌生人的真誠幫助,總是讓人感動又充滿能量。生活中,我也想盡己所能去幫助別人,把這份溫暖傳遞下去。

好 好 生 活 的 每 一 天

大萌自畫像

每個人都是一個多面體，有不同的面向。

記錄生活中的每一個樣子，都是成長路上的自己。

這裡有咖啡館裡的我，切洋蔥時的我，游泳池裡的我，冬天裡的我，旅途上的我，卡通形象的我，上課時的我，傷心的我，愚人節那天的我，化妝時的我……

好 好 生 活 的 每 一 天

103

手繪巴黎的每一天

「保持童心去畫畫」與「畫兒童畫」的區別是，你的年齡和閱歷不斷增長，即使看到世間的醜與惡，仍然能懷抱對生活的希望和好奇心去創作。當有一天，我真正領悟到人生是一場旅程時，便希望在生活裡平凡的每一天，都能用畫筆留下些什麼。

PART 2

愛在市集

來巴黎的遊客一定會去羅浮宮，
去艾菲爾鐵塔，
去塞納河遊船，
去百貨公司購物⋯⋯

每次有朋友來玩，
我會建議他們：

「去逛逛市集吧！」

市集是最能體現巴黎日常的地方，
感受這座城市最真實的一面。

手繪巴黎的每一天

巴黎市集

　　法國老市集有著我對「好好生活」四個字的很多理解，也包含著巴黎人對生活的態度。搬到第十五區之後，每周日上午都會去離家不遠的市集。起初覺得新鮮好玩，後來就成了習慣。習慣把周日上午留給市集，帶著環保袋去買水果、買魚，不定期地買一束花。

手繪巴黎的每一天

格勒奈爾市場

　　始於1860年的格勒奈爾市場（Marché Grenelle）離艾菲爾鐵塔不遠，連接了兩個地鐵站。天橋上一趟趟駛過的是巴黎地鐵6號線，天橋下面就是熱鬧非凡的市集，天橋為它遮風擋雨。地鐵於1909年通車，而市集比地鐵還要早半個世紀。

愛 在 市 集

我常去這個市集，總覺得年代賦予了事物更多的意義。市集上很多攤位都是一家幾代人一起經營，市集文化也以這樣的形式延續和傳承。看到一百年前市集的老照片，變化的只有人和人身上的服飾，而市集還是這樣，幾乎沒有變過。

◆格勒奈爾市場參觀資訊

- 開放時間／每周三和周日：07:00～14:30
- 交通方式／搭乘地鐵8號或10號線，在「La Motte-Picquet-Grenelle」站下車；地鐵6號線，在「Dupleix」站下車

番茄攤位

巴黎有很多市集，幾乎每個街區每周都會有固定的市集。大部分市集專門出售生鮮食品，以新鮮蔬果、海鮮、肉製品和乳製品為主，許多是當季食物或者當地特產。觀看這些讓人目不暇給的商品，是逛市集的樂趣之一。當然，也能在這裡窺見巴黎人的日常生活。巴黎老奶奶的菜籃裡有花，爺爺認真地挑選水果，商家幽默又熱情，瓜果蔬菜像藝術品般陳列著。

不僅僅瓜果蔬菜像藝術品，攤販們也會把真正的「藝術品」搬出來。有一個賣番茄的攤位，在這裡，我第一次同時看到這麼多種類的番茄：紅番茄、綠番茄、黃番茄、黑番茄……不同顏色、不同大小的番茄被整整齊齊地擺放著。攤販在旁邊放了一張羅浮宮的名畫《卡布里爾和她的姐妹（Les Sœurs de Gabrielle）》，配文寫道：「親愛的顧客，番茄是一種很脆弱的水果，拿它的時候只能拿它的柄喔。」

看看名畫，再看看這些番茄，瞬間讓人會心一笑。這樣的廣告方式令人印象深刻，每次來市集，我只想在這個攤位買番茄。

愛 在 市 集

西班牙海鮮飯

市集裡有一家賣西班牙海鮮飯的攤販。一個巨大的平底鍋，裡面盛著滿滿的海鮮飯，也叫西班牙大鍋飯。市集總是充滿了各地的特色美食，除了西班牙海鮮飯，還有義大利的起司、勃根地的蜂蜜、諾曼第的生蠔……走一趟市集，就能嘗到各個地方的美食，這也是市集吸引我的地方。

愛 在 市 集

生鮮攤位

　　賣魚的大叔很可愛,每次路過都會和我招手,用中文對我說:「你好。」

　　他戴著圓圓的黑框眼鏡,藍色的衣服外面套著白色的圍裙,總覺得他一身設計師氣質。攤位的簾子是藍白相間的條紋,桌上各種生鮮擺放得乾淨又整齊。因為很喜歡他的攤位,便以他的攤位為靈感設計了一款胸針,製作完成後,我還特地去親手送給他。

市集的聲音與香氣

　　市集的聲音吵雜，有吆喝聲、對話聲、清理魚的聲音、天橋上來回過往的地鐵聲……；市集裡各種香味交織，有花香、果香、烤肉香……最誘人的還是烤蛋糕、海鮮焗飯和烤雞的香味了。大家各自挑選著自己需要的東西，我觀察著周圍的一切，沉浸其中。

　　一家賣水果的大叔吆喝聲特別大。當季水果，他的攤位貨品最多，價格也很實惠。到了草莓、櫻桃盛產的季節，攤位前經常大排長龍。有些賣蔬菜的攤位很長，每個人需要先拿一個小籃子，想買什麼就自己放進籃子裡，一個、兩個都可以，結帳時，攤販會幫你一樣樣算好。如果買得多，還可能會送你一些蔥或香菜之類的。

牽手半世紀的背影

時常能見到一起來買菜的「老倆口」，推著小車一起逛市場，兩個人話不多，手裡拿著購買清單。他們總是穿得很相配，連長相都很類似，散發出相濡以沫的氣息。也許，他們已經在這個市集逛了半輩子了。

買菜的巴黎奶奶

　　市集裡，常能見到來買菜的巴黎奶奶，很多是傳統的巴黎女人。即便在很冷的冬天，她們上半身裹得很嚴實，穿著過膝大衣，但下半身依然穿著裙子、絲襪和皮鞋，很是精緻。法國女人就連買菜時也不失優雅，那種優雅似乎是從骨子裡散發出來的，成為她們日常生活中的一部分。

愛 在 市 集

在市集裡尋找生活的溫度

在法國的這幾年，我越來越體會到，好好生活是一件很重要的事。每次逛市集，我都會用心挑選食材，為自己準備一頓美味的餐點，順便挑一束花帶回家。從市集回家的路上，心情總是格外地好。

我一直堅信藝術來源於生活。表達的形式和意義，最終都會回歸到自己的內心。就像一個事物最後會變成畫面裡的一個形狀、一個符號。生活很有趣，畫畫也是。

每當旅行時，我會在地圖上尋找當地的老市集。在那裡，可以真實地了解當地風土人情，感受市井生活的氣息，給旅行帶來不一樣的體驗。

我喜歡逛市集的10個理由

1·種類豐富。

2·價格實惠。

3·提供大量有機食品。

4·自行挑選商品的過程充滿儀式感。

5·可以收集到不同的水果貼紙。

6·城市裡最有人情味的地方。

7·能看到穿搭講究又有氣質的長輩。

8·攤位各具特色,為畫畫帶來靈感。

9·看到很多陪主人買菜的乖巧狗狗。

10·讓人感受到生活的真實與美好,激勵自己要認真過生活,好好享受每一天。

PARIS
9ème
MARCHÉ
AUX
PUCES

跳蚤市場

聖圖安跳蚤市場

和市集一樣，巴黎各區都有跳蚤市場，有的每個月擺攤，有的則是每周末舉行。

其中，很多人熟悉的是位於巴黎北部的聖圖安跳蚤市場（Marché aux puces de Saint-Ouen）。這座市場的歷史可以追溯到1884年，是全世界規模最大、最悠久的跳蚤市場之一。這裡有十二個小市集、上千個攤位。導演伍迪艾倫的電影《午夜巴黎》也曾在此取景。琳瑯滿目的物品帶著歲月的痕跡，在無數個角落都能發現有趣的東西。

除了最有名的聖圖安，我幾乎不會錯過巴黎市區每個月第一個周末的跳蚤市場。常去的包括第五區地鐵站附近的市集、第十五區的舊書市集，以及香榭麗舍大道附近的郵票市集。

在巴黎的周日，很多商店都休息，出門散步的時候順便逛逛跳蚤市場，這樣的生活很法式。所謂的「法式」，並不是一頂貝雷帽、一件條紋襯衫，也不是一條長棍麵包、一個標誌，而是一種生活態度。

◆聖圖安跳蚤市場參觀資訊

- 開放時間／
周五：8:00～12:00；
周六～周日：10:00～18:00；
周一：11:00～17:00
- 交通方式／搭乘地鐵4號線，在「Porte de Clignancourt」站下車；地鐵13號線，在「Garibaldi」站下車

老奶奶的攤位

　　老奶奶的攤位上擺了一個個小盒子，裡頭藏著許多小玩意。我想，這些東西應該是她年輕時一點一滴蒐集而來的吧！有小鏡子、香水瓶、動物瓷器……

昆蟲標本攤位

賣標本的攤位空間比較寬敞，設置在搭起來的小棚子裡。各式各樣的昆蟲標本擺滿整個攤位，走進去，就像邁進一座小小的昆蟲博物館。

跳蚤市場的爺爺

在跳蚤市場上，擺攤的多半是老人家。見到一位爺爺，躺在自己攤位旁的沙灘椅上，雙腳翹在前面的紙箱上看漫畫。等我繞了一圈回來，紙箱變成了一張小桌子，他正開始吃午餐。再繞一圈過來，看到他已經躺回沙灘椅，悠然自得地睡著了。

PARIS 5e

逛跳蚤市場的感覺也正是如此，輕鬆自在，不慌不忙。挑東西全憑緣分。有可能什麼都買不到，也可能意外挖掘到一件讓自己滿心歡喜的好東西。

愛 在 市 集

城市徒步尋找丁丁

　　在賣老漫畫的攤位上，找到了一本《丁丁歷險記》雜誌。除此之外，還挖到了法國郵政二十年前發行的老郵票和丁丁木偶，這些都是在跳蚤市場上發現的寶物。《丁丁歷險記》是一位比利時漫畫家創作的系列漫畫，是二十世紀最受歡迎的歐洲漫畫之一，在法國也隨處可見。

　　在巴黎，從第五區的漫畫店一條街開始，沿著塞納河邊經過一個個舊書攤，再走到巴黎美術學院附近的一條街道，穿過書店和收藏店，整個過程就像一場尋寶冒險。如果可以開闢一條徒步路線，或許可以叫它「城市徒步尋找丁丁」。

▲丁丁木偶，看起來很有年代感，形象還是早期的丁丁。

▲丁丁郵票

▲丁丁雜誌

亞眠的跳蚤市場

和朋友一大早搭火車去了亞眠（Amiens），這是巴黎北部的一個城市。那一天正好是亞眠一年兩次的跳蚤市集，規模之大幾乎覆蓋了整個城市。火車上不少人也是為此而來。

下了火車，像走進一場真人遊戲，給你一筆有限的預算，在限定時間內找到你需要的東西，在此過程中你會碰到不同角色的人。需要的裝備就是一雙舒適的運動鞋。這是我第二次來到規模如此大的跳蚤市集，第一次是在法國北部的城市里爾（Lille）。

◆亞眠跳蚤市場參觀資訊

- 開放時間／一年兩次，春季通常在每年4月或5月的某個周末舉行，秋季通常在每年9月或10月的某個周末舉行
- 活動地點／亞眠市中心的多條街道，包括主要廣場和周邊區域
- 交通方式／從巴黎出發，從巴黎北站（Gare du Nord）搭乘火車前往亞眠，車程約1小時15分鐘。火車班次頻繁，平均每小時約有兩班

Amiens
Grande
Rederie!
2019. Yr.

Lille!

里爾二手古物市集

一年一度的里爾二手古物市集（La Braderie de Lille）起源於中世紀，在每年九月的第一個周末舉行。攤位同樣遍布整個城市的大街小巷。每年這個時候，上百萬的遊客聚集到這裡，一起挖（湊）寶（熱）去（鬧）！像是一場約定好的狂歡。

參加二手市集時，吃淡菜配薯條是當地的一大特色。這兩天，每家餐廳都會把吃完的淡菜殼倒在店門口，堆成一座小山。殼堆得越高，代表這家餐廳的生意越好。第一次知道里爾這座城市，是看了法國電影《歡迎來北方（Bienvenue chez les Ch'tis）》。

來到法國之後，我開始有了蒐集小東西的習慣。有一段時間特別熱衷於在跳蚤市場上買胸章，有些帶著紀念意義，有些是因為圖案很好看。幾年下來，收藏的胸章已經有上百個了。除了收集胸章，我還喜歡收集紀念郵票、去過的博物館門票，還有各種小玩具，很多是在跳蚤市場挖到的寶。

手繪巴黎的每一天

愛 在 市 集

尼斯的跳蚤市場

※編註：尼斯（Nice）位於法國東南部的地中海沿岸，是法國蔚藍海岸（Côte d'Azur）的重要城市之一。它靠近摩納哥和義大利邊境，以美麗的海景與溫暖的氣候吸引了無數遊客。從巴黎的里昂車站（Gare de Lyon）搭乘高速列車（TGV）前往尼斯，車程約5.5至6小時。

歐洲百年市場

〔義大利〕
威尼斯魚市

來逛逛歐洲其他城市的市集吧！

在義大利的威尼斯運河附近，有一座超過六百年歷史的室內市場，是威尼斯最大的魚市。這座新哥德式建築，1907年由建築師多梅尼科‧魯帕羅（Domenico Rupolo）和畫家切薩雷‧勞倫齊（Cesare Laurenti）共同設計修建而成。在這座哥德式建築裡，最醒目地莫過於高掛的威尼斯市旗，上面出現的聖馬可飛獅栩栩如生，面容威猛，讓人印象深刻。

◆威尼斯魚市參觀資訊
- 正式名稱／里亞托市場（Mercato di Rialto）
- 開放時間／周二～周六：07:30～12:00；周日、周一休息
- 交通方式／搭乘水上巴士（Vaporetto），最近站點為「Rialto Mercato」

愛 在 市 集

MERCATO DI RIALTO venise

先不說這裡的魚有多新鮮、海鮮品種有多豐富，光是看到賣魚的大叔們，就忍不住感嘆：義大利男人真是帥啊！

〔匈牙利〕
布達佩斯中央市場

　　中央市場始建於1897年，是布達佩斯最大的百年市場，一樓以食品攤位為主，販售水果、火腿、調味料、酒、肉製品和起司等等；二樓則設有餐廳和工藝品攤位。當地人常形容中央市場是「匈牙利人的廚房」。

　　在前往自由橋（Szabadság híd）的路上，無意間看到這棟外觀看似火車站的建築，進去之後發現裡面別有洞天，很是驚喜。這裡不是火車站，而是極為美麗的菜市場。恰好遇到聖誕節，市場裡華麗的裝飾配著聖誕音樂，燈光點點，在節日氣氛襯托下格外夢幻。

　　市場裡有一家飲品店，小小的窗口，大家都在排隊買咖啡。

◆布達佩斯中央市場參觀資訊

● 正式名稱／大市場（Great Market Hall / Nagyvásárcsarnok）
● 開放時間／周一：06:00～17:00；周二～周五：06:00～18:00；周六：06:00～15:00；周日休息
● 交通方式／搭乘地鐵M4線至「Fővám tér」站；搭乘電車2、47、49路至「Fővám tér」站；從自由橋（Liberty Bridge）步行約5分鐘即可到達

〔西班牙〕
波蓋利亞市場

波蓋利亞市場被稱為「巴塞隆納最美的菜市場」，最早可以追溯到1217年的肉市場，1840年正式成立。這個菜市場是我見過遊客最多的地方，來巴塞隆納觀光的人不一定會去畢卡索美術館，但一定會來這裡報到。這裡早已成為「網紅市場」。瓜果蔬菜擺放得非常講究，一排排看起來就像藝術品一樣。

手繪巴黎的每一天

〔西班牙〕
馬拉加中央市場

　　住在西班牙馬拉加的青年旅社,窗外正對著當地的中央市場。「古老又充滿活力」這句話正好用來形容阿塔拉薩納斯中央市場。市場的大理石正門已有六百年的歷史,市場前身是十四世紀的造船廠,後來改建成現在的中央市場。室內的彩繪玻璃很漂亮,彷彿還能依稀見到昔日馬拉加漁港的繁華景象。

　　在馬拉加的那幾天,幾乎每天上午都去市場逛逛,去畫畫,去買新鮮的海鮮和水果。西班牙人格外熱情,賣海鮮的攤販看到你拍照,會擺好姿勢主動要求上鏡。賣堅果的大叔會把無花果剖開,裡面放一顆杏仁讓我品嚐。形狀剛好是一個心形,讓人不好意思不買一盒。他們家的烤杏仁真的很好吃,最後一天我還特地買了幾盒帶回來送朋友。

◆馬拉加中央市場參觀資訊
● 正式名稱／阿塔拉薩納斯中央市場（Mercado Central de Atarazanas）
● 開放時間／周一～周六：08:00～14:00；周日休息
● 交通方式／位於市中心,步行即可輕鬆抵達

Bolhão Marche 1914

R. Formosa 214, 4000 Porto, Portugal.
Lundi - vendredi   7h - 17h
samedi   7h - 13h.

〔葡萄牙〕
波多市場

　　波多市場建於1914年，是波多（Porto）最大的傳統市場，有上下兩層，販售新鮮的水果、海鮮和肉類，還有很多充滿當地特色的紀念品。我去的時候是下午，很多攤位已經收攤，雖然市場裡的人不多，不過，這個攤位的奶奶和那個愛心氣球卻讓人印象深刻。

◆波多市場參觀資訊
● 正式名稱／波爾豪市場（Mercado do Bolhão）
● 開放時間／
周一～周五：08:00～20:00；
周六：08:00～24:00；周日休息
● 交通方式／位於波多市中心，最近的地鐵站為「Bolhão」

〔法國〕
巴黎紅孩兒市場

位於巴黎第三區的紅孩兒市場是巴黎最古老的市場之一，建於路易十三時期，已經有四百多年歷史。市場面積不大，除了瓜果蔬菜攤位之外，以美食攤位居多。2015年是紅孩兒市場建立四百周年紀念，當時市場用紅白氣球裝飾，顯得格外迷人。市場門口有一個攤位，一位老人長年坐在一個臨時搭起的桌子旁邊，賣著他的「藝術品」——<u>用摺紙的方式，把書摺成不同的形狀</u>。老人的頭髮和鬍子都很長，額頭上綁著圍巾，戴著紅框眼鏡，大大的啤酒肚。摺疊椅就是他的工作台，上面放著正在摺的書和一大罐啤酒。

◆巴黎紅孩兒市場參觀資訊

● 正式名稱／紅孩兒市場（Marché des Enfants Rouges）
● 開放時間／周二～周六：08:30～19:30；周日：08:30～14:00；周一休息
● 交通方式／搭乘地鐵8號線，最近站點為「Filles du Calvaire」

〔丹麥〕
哥本哈根市場

　　這裡是全球排名前三十五名的美食市集之一，作為菜市場，最早可以追溯到1889年。2009年，哥本哈根市政府投資6000萬丹麥克朗（約台幣2億多元），聘請丹麥建築師漢斯‧皮特‧哈根斯（Hans Peter Hagens）設計建造這座室內市場，並在室外設置了露天攤位。不同於歐洲其他市場的古典風格，這裡整體以現代化為主。市場裡不僅有丹麥本土的美食，也有來自歐洲各地的特色菜餚。雖然市場裡的魚湯是人氣美食，但我更喜歡這裡的三明治。

◆哥本哈根市場參觀資訊

- 正式名稱／托夫哈倫市場（Torvehallerne）
- 開放時間／周一～周五：10:00～19:00；周六～周日：10:00～18:00
- 交通方式／搭乘地鐵M1或M2，最近站點為「Israels Plads」

〔義大利〕
佛羅倫斯中央市場

　　佛羅倫斯中央市場是當地最古老的食品市場，2013年我第一次前往，那也是我拜訪的第一個百年市場。市場裡的當地特產牛肚包非常有名，很多人慕名而來，不過當時我覺得味道有點奇怪。幾年後再次造訪，重新嚐了一次牛肚包，竟然覺得美味極了。其實我的嗅覺和味覺並沒有改變，只是這幾年更願意去嘗試不同的食物。這次再訪時，發現老市場的二樓裝修成了現在的美食廣場，整體裝飾搭配著現代插畫，和一樓老市場形成了強烈對比，匯集了來自世界各地的美食小吃。市場的位置距離聖母百花大教堂不遠，因此吸引了很多遊客前來。

◆佛羅倫斯中央市場參觀資訊

- 正式名稱／佛羅倫斯中央市場（Mercato Centrale Firenze）
- 開放時間／（一樓生鮮市場）周一～周五：07:00～14:00；周六：07:00～17:00；周日休息。（二樓美食廣場）每日：10:00～00:00
- 交通方式／位於市中心，從佛羅倫斯中央車站步行約 7 分鐘

PART 3

一直在路上

邊走邊畫，
才是旅行的節奏。

我喜歡旅行的時候邊走邊畫，
畫眼前的風景，畫周圍的人，
畫腦子裡不經意的想法。

一個人旅行的時候，
畫本像是一個很讓人安心的同伴。
關於周圍的一切，你都可以和它訴說。
當我翻看以前旅行中拍的照片，
只能想起曾經去過那個地方。
翻開畫本就不一樣了，
當時的感受、情緒和氛圍，都會隨著畫面回想起來。

剛開始旅行的時候,我熱衷於去別人攻略裡推薦的打卡景點,到了一個國家,一定要去首都、一定要去有名的景點。幾年後,我的想法變了,不再刻意去熱門的地方,不看別人圖文並茂的路線。去任何一個地方旅行,我會把時間拉長到從前的好幾倍。穿上舒適的鞋子,盡可能多走多看。從此我開始真正愛上了旅行,當地的美食、隱藏在小巷裡的迷人角落、本地人才會去的老市場……一樣都不想錯過。

一直在路上

手 繪 巴 黎 的 每 一 天

一個人去
阿姆斯特丹

長途巴士上的風景

　　這次去阿姆斯特丹是凌晨臨時訂的車票和住宿，快速整理好行李，只睡了四個小時，早上六點多就出門去車站了。我發現自己的執行力在開始一段新的旅行時能全面爆發。

　　從巴黎到阿姆斯特丹，巴士是最划算的選擇，十幾歐元的票價，車程五個多小時。這幾個小時相比忙碌的日常顯得特別珍貴，可以安靜地看窗外的風景。不過，那天起得太早，車還沒開我就已經睡著了。醒來時，車已經到了法國北部的城市里爾（Lille），當時對這座城市一無所知，只知道它的中文名字叫「里爾」。後來，我還專門去了里爾一次，因為那裡有歐洲最大的跳蚤市場。

　　車繼續一路向北。途中，我收到國內一位媒體編輯傳來的一些採訪問題，問題看似簡單，卻又發人深省，「為什麼喜歡畫畫？」「為什麼喜歡旅行？」……每次回答這樣的問題，就會重新審視一遍自己。車窗外，開始可以看到村莊裡的風車和一些牛羊，我知道已經進入荷蘭了。看了好一會兒風景後，我回覆那位編輯：「我喜歡旅行沿途的風景，也喜歡在路上的自己。」

手繪巴黎的每一天

TULIPS / AMSTERDAM Y.m

漫步老城街巷

在阿姆斯特丹，我幾乎都是靠步行，穿梭在大街小巷間，走過了無數座橋。偶然路過一個二手市集，還進去逛了一家1869年營業至今的老紙行，接著又去了一座建於1638年的植物園，以及一家古董玩具店。在一個長長的鮮花市場裡看到許多品種的鬱金香種子。鬱金香是荷蘭的國花，象徵著美好、莊嚴、華貴與成功。

手繪巴黎的每一天

◆梵谷博物館參觀資訊

- 開放時間／每日：09:00～18:00；周五：09:00～21:00
- 交通方式／搭乘電車2號、5號或12號線，在「Van Baerlestraat」站下車；電車3號、5號或12號線，在「Museumplein」站下車

最新資訊，請掃描QRCODE

Entrance Ticket

Date (M-D-Y): 10-26-2017
Ticket: Admission adults
Price: EURO 17,00

Single entry, valid for 1 person

2467174

Van Gogh Museum
26/10/2017

Van Gogh Museum
Amsterdam

150

一直在路上

梵谷博物館

　　參觀梵谷博物館是此次最期待的行程，這是全球最大的梵谷作品收藏館。荷蘭人把梵谷博物館建在市中心的廣場上，可見梵谷在他們心中的地位。一路上我都按捺不住地激動，甚至有點緊張，好像要去見一個很重要的人。

　　高中時，讀到的第一本藝術家自傳就是《梵谷傳》。對於一個剛進藝術學校的十幾歲小孩而言，梵谷離我太遠了。他是藝術的象徵，是書裡的故事。我甚至懷疑這樣的人真的存在嗎？那時候讀著他的故事，覺得能看一眼他的原作都是奢望……

　　從那時起，梵谷就在我心中有了一個位置。幾年後，我來到法國留學。2013年在奧賽美術館第一次看到梵谷真跡《星夜》。2015年夏天，為了尋找梵谷足跡，我去了南法的亞爾（Arles）——他一生創作量最豐富的地方。在那裡他曾寫信給弟弟：「西奧，我想告訴你，世界的這個角落在我眼中，就像日本一樣漂亮，空氣清新，色彩也令我陶醉，淡橘色的落日幾乎將田野染成藍色，還有璀璨的黃色太陽。」我真的看到了他描繪的景象。2016年冬天，我去了梵谷生命最後居住的小鎮奧維（Auver sur Oise），看見他筆下的教堂、市政廳，和離開這個世界前居住的客棧。這次在梵谷博物館看到那麼多故事裡的畫，看到他一張張自畫像、他曾經用過的畫具，我不由得熱淚盈眶。才發現，這些年他一直影響著我。每次看他的作品，聽他的故事，看電影《梵谷：星夜之謎》，都會感動到流淚，觸碰到心裡深處，就像梵谷說的：「每個人心中都有一團火，路過的人只看到煙」。從博物館出來，在廣場長椅子上坐了很久。深秋的荷蘭有點冷，但是下午的陽光很溫柔，街頭藝人在揮舞著泡泡，陽光透過泡泡照出五彩斑斕的顏色，一群孩子追逐著泡泡，而我仍沉浸在梵谷的世界裡。

米菲兔博物館

◆ 米菲兔博物館參觀資訊

- 開放時間／周二～周日：10:00～17:00；周一休館
- 交通方式／從烏特勒支中央車站步行約15分鐘至博物館，或搭乘2號公車至中央博物館站（Centraal Museum）

最新資訊，請掃描QRCODE

　　從阿姆斯特丹搭火車，四十分鐘就能抵達烏特勒支（Utrecht）──米菲兔的故鄉。這裡有一座米菲兔博物館（Nijntje Museum），也是米菲兔的創作者、荷蘭有名的畫家迪克·布魯納（Dick Bruna）的故居。

　　米菲兔博物館的展廳以紅、藍、黃、綠等基本色組成，顏色鮮豔。存放衣物的寄物櫃上畫著米菲兔和它的朋友們，展廳裡展示了上千本米菲兔故事書和海報，還有許多互動場景供小朋友體驗，展館裡的每個孩子臉上都洋溢著笑容。我拿著相機拍了一些照片，自己也很開心，畢竟米菲兔是我小時候就很喜歡的卡通角色。

　　在孩子們的喧鬧聲中，我看到了一位白髮蒼蒼的奶奶，大約七八十歲，下樓梯需要扶著把手，一階一階地慢慢走著。她是一個人來的，也是一個人慢慢參觀。我不清楚奶奶的故事，但是米菲兔在她心中一定有故事。

　　在博物館的一面牆上，有一隻大大的米菲兔拿著畫筆，我請旁邊的人幫我拍了一張合影留念。很多人認為布魯納是個天才，但他自己說過：「我只有一點點的天分，所以我必須很努力工作，才能達到這樣的成績。」

一直在路上

烏特勒支（Utrecht）一家老電影院樓下的咖啡廳，牆上貼滿了老電影的海報。

上火車前，在這個充滿年代感的電影咖啡館裡坐坐，旁邊有兩位奶奶在聊天，對面坐著一個男生，帶了三本密密麻麻的手寫本在寫東西，右邊的胖大叔在喝啤酒。我想像此刻自己置身在一個電影場景裡，那身後穿著復古服裝的情侶，就是電影裡的男女主角。

在西班牙過生日

2017年夏天,學校的展覽結束後,想起過兩天就是自己的生日了。剛好那幾天巴黎陰雨綿綿,讓人心情有些鬱悶,於是決定去一個充滿陽光的地方。

巴黎飛西班牙的機票價格總是令人心動,只要二十幾歐元。這次,我避開了滿是遊客的巴塞隆納和馬德里,選擇前往南部地區。買了一張單程機票,訂了一家評價很好的青年旅館,收拾好衣物,依舊什麼功課都沒做,直接去機場,飛往西班牙南部安達魯西亞的首府——塞維亞(Sevilla)。

塞維亞的青旅

　　塞維亞夜晚的色彩非常迷人，從冰島回到巴黎再到西班牙，感覺逆時針從冬天到秋天又來到夏天。下午抵達塞維亞，先前往青旅辦理入住。從今年開始，只要是一個人出門旅行，而且時間比較長，我都會選擇住青年旅館，這樣可以節省旅費。西班牙的物價不高，在Booking.com上找到一間評分高達9.0的青旅，地點超方便，還有提供簡單的早餐和晚餐，一個晚上只要二十歐元左右，讓我非常滿意。我認為，住五星級飯店或是住上下鋪的青年旅館、吃米其林餐廳或路邊攤，都是旅行中的體驗，沒有好壞之分。

異國生日的溫暖回憶

　　辦理入住手續時，櫃檯是一位熱情的西班牙姐姐，看到我的護照後，知道我隔天生日，和我說了好幾遍生日快樂，還特地給我安排了一間有獨立衛浴的房間，並告訴我今晚有免費的晚餐。接下來幾天，當地人的熱情一直讓我難忘，比如一塊小小的生日蛋糕⋯⋯

　　生日當天，冰淇淋店的老闆熱心推薦了我一家好吃的餐廳。因為沒有提前訂位，進去時我一個人坐到了吧台。老闆熱情地和我打招呼，得知這頓飯是我的生日晚餐，他笑呵呵地對我說生日快樂。餐廳很小也很隱祕，但很快整家店都坐滿了人，門外也有不少人在排隊。我安靜地享受著一個人的生日晚餐。沒想到準備結帳時，老闆端著一個插滿蠟燭的小蛋糕和幾個服務生走了過來，開始用西班牙語唱生日快樂歌。瞬間整個餐廳的人都一起看著我，一起為我唱歌慶祝。老闆對我說：「今天，這裡就是你的家。」我的天！當時真的不想哭，但卻一邊笑、一邊哭了出來，人在異鄉被一群陌生人所感動的同時，心裡也感到無比溫暖。

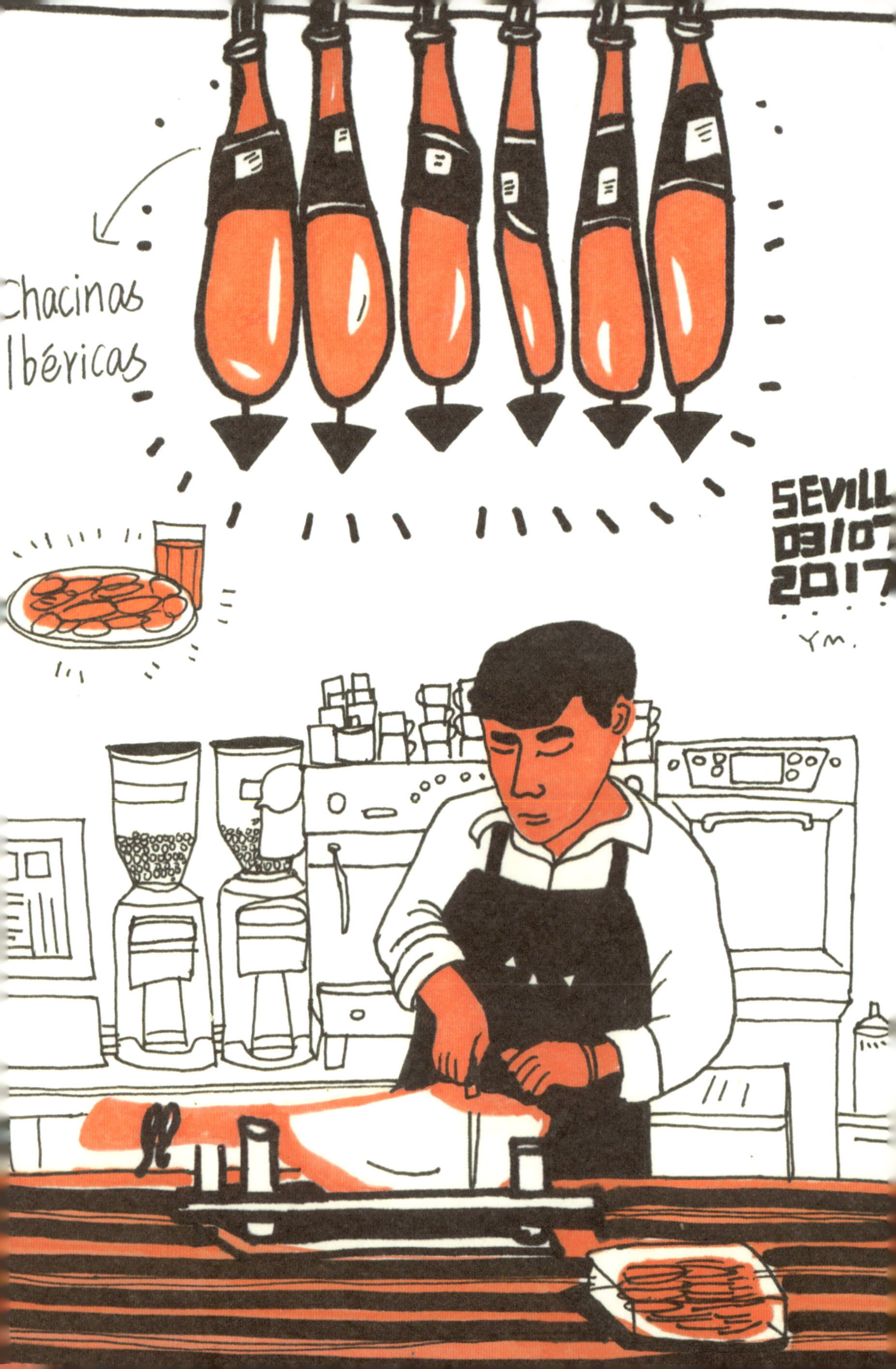

Chacinas
Ibéricas
SEVILL
03/07
2017
YM.

西班牙南部的安達魯西亞從來不缺豔陽。那幾天很熱，西班牙廣場在正中午的時候幾乎看不到幾個人。我找了一個陰涼處，拿出畫本，一邊畫畫、一邊欣賞周圍壁龕裡瓷磚上的畫。在塞維亞待了五天，逛美術館、鬥牛場、教堂、王宮和市集，也品嚐到了最好吃的西班牙火腿。天氣太熱的時候，就在房間裡畫畫，晚上沿著河邊跑步。

在氣溫接近40°C的第六天，我一個人坐上巴士，繼續往更南的地方出發了。

畢卡索的故鄉

這個位在地中海沿岸的城市，是西班牙我最喜愛的地方。很多人可能沒聽過馬拉加（Málaga），但你一定知道畢卡索，那裡正是他的故鄉。畢卡索曾說過：「沒有感受過馬拉加的陽光，就無法創造出立體主義的繪畫藝術。」諾貝爾文學獎得主阿萊桑德雷（Vicente Aleixandre）更是讚美馬拉加是「天堂般的城市」。

畫具店與老市場

有時候會想,到底是旅行中的經歷改變了我的心態,還是因為自己的心態變了,所以看周圍的一切也變得不一樣了。不管怎樣,馬拉加都帶給我這個夏天最美好的記憶。

旅館對面是馬拉加歷史悠久的市場,樓下有一家二十世紀1940年代就開業的畫具店。周圍遍布著不計其數的百年咖啡館和餐廳。我每天都會去逛一逛老市場。充足的陽光、絕佳的地理位置讓西班牙的水果和海鮮特別鮮美。賣海鮮的大叔們風趣又可愛,是我最喜歡畫的大鬍子們。

一直在路上

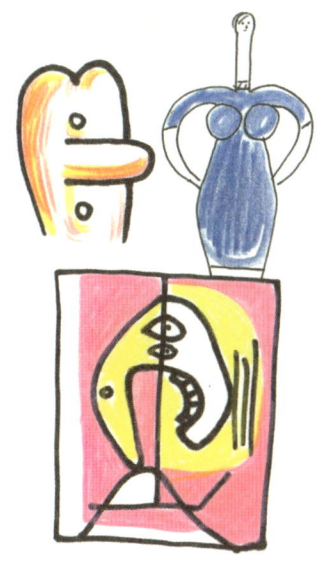

Hola!

Woman with Red Beret and Checkond Dress

MUSEO PICASSO málaga 05/07/17

> 參觀馬拉加畢卡索美術館時不能拍照，就在速寫本上記錄下一些作品。

海邊夜釣的大叔

　　傍晚時分前往海邊，我坐在兩個西班牙大叔後面，一邊賞月、一邊看他們釣魚。兩人從天亮坐到天黑。戴著頭燈的大叔終於釣到一條小魚，開心得像孩子一樣拿給我看。此刻，月亮出來了，映照著海面閃閃發光。

　　關於旅行，去過多少國家和城市、走過多少景點，從來都不是我的目的。旅途中那些意外的相遇和感動，才是旅行的意義。回到旅館後，我畫下了那個美麗的夜晚。

MÁLAGA
Playa de La Malagueta
10.07.17

漫遊諾曼第海岸

海邊小鎮勒阿弗爾

　　勒阿弗爾（Le Havre）是位於法國北方諾曼第的一個小城市，也許很多人對這座城市不太熟悉，但你一定聽過莫內的名作《印象・日出》，這幅畫正是在這裡完成的。

　　沿著海邊走到了海邊的美術館。和法國眾多美術館相比，這座建築物顯得特別現代化。原來，勒阿弗爾在二戰中受到戰火嚴重破壞，幾乎全城被毀，1951年，政府決定開始重建，並於1961年建成了現在的安德烈・馬爾羅當代美術館（Musée d'art moderne André Malraux，簡稱MuMa）。館內收藏了大量印象派作品，是繼巴黎奧賽美術館之後第二大的印象派美術館。

◆ 安德烈・馬爾羅當代美術館參觀資訊
- 開放時間／周二～周五：11:00～18:00；周六～周日：11:00～19:00；周一休館
- 交通方式／從勒阿弗爾市中心可步行前往

象鼻山

在法國諾曼第大區，有個沿海的美麗小鎮埃特勒塔（Étretat）。對我來說，這裡是從巴黎出發最快又最方便可以看海的地方。搭兩小時火車，再轉兩次公車就到了。那裡又叫「象鼻山」，因為海灘上有三座高聳的鼻形懸岩而得名。這裡曾吸引眾多印象派畫家，其中最有名的莫過於莫內。現在海岸邊還立著一幅以莫內視角創作的作品，畫中的主角正是不遠處的象鼻山。

我來過這裡很多次，喜歡這裡的山與海，喜歡看這裡漫天飛舞的海鷗。小鎮就像是海鷗們的家，他們對這裡熟門熟路，自由自在地從人們頭頂飛過，彷彿跟這裡美麗的景色融為一體。時代變換，過來遊玩的人一代又一代，我們在看風景，大自然也在見證我們的來來去去。

LE CRO'K COCO
SALON DE THÉ LE CRO'K COFFEE BAR
SNACK SUR PLACE
CHOCOLAT CHAUD
MOULES
PLANCH
HONFLEUR YM · 2021

諾曼第除了以全法國最優質的生蠔聞名之外，點一盆淡菜配上當地蘋果酒，也是這裡的美食特色之一。

Etretat !
Le Galion

快閃
法蘭克福

席恩美術館

　　喜歡的藝術家巴斯奇亞（Jean-Michel Basquiat）的展覽在德國法蘭克福舉辦，我立刻訂了火車票，一個人從巴黎搭火車前往法蘭克福。

　　下了火車，迎接我的是無限的陽光，走出車站周圍格外安靜，看見一個老人在陽光下看書。路上行人很少，只聽見我拖著行李箱的聲音。河邊的樹剛剛發芽，陽光灑下來，地上斑駁的樹影隨著微風輕輕搖曳。前往旅館的路上，我先參觀了施泰德藝術館（Städel Museum），在美術館的餐廳裡，一邊吃三明治、一邊拿出電腦趕作業。抵達住宿地點後，放下行李直奔巴斯奇亞展。

　　巴斯奇亞展在席恩美術館（Schirn Kunsthalle）舉辦，展覽名稱是《巴斯奇亞：真正的繁榮》（Basquiat: Boom for Real）。親眼看到他的原作，真的很震撼，他有極高的藝術天賦，短暫的藝術生涯裡作品堪稱傳奇。他大部分藝術作品都和生活密切相關，用自己獨特的方式去表達，自由又有視覺衝擊力，代表著紐約的街頭文化。看到他的作品，心裡會為他的英年早逝感到遺憾。但他一生都在追求自我，也許並沒有遺憾，逝去後更像一顆星星在黑暗中閃耀。巴斯奇亞的作品把地下塗鴉帶到藝術界，影響著當代藝術。展覽當晚，展廳裡人不多，冷氣的溫度剛剛好。同一年，巴黎的路易威登基金會也辦了一場巴斯奇亞展，在巴黎氣氛就不一樣了，沒有預約的情況下，至少要排隊一小時，每個展廳都是人擠人。

◆施泰德藝術館參觀資訊

- 開放時間／周二、周五～周日：10:00～18:00；周三：09:00～17:00；周四：10:00～21:00；周一休館
- 交通方式／搭乘地鐵U1、U2、U3或U8線，在「Willy-Brandt-Platz」站下車；或搭乘電車15或16號，在「Otto-Hahn-Platz」站下車

最新資訊，請掃描QRCODE

◆席恩美術館參觀資訊

- 開放時間／周二～周日：10:00～19:00，周四延長至22:00；周一休館
- 交通方式／搭乘地鐵U4或U5線，在「Dom/Römer」站下車；或搭乘電車11或12號，在「Paulskirche」站下車

最新資訊，請掃描QRCODE

森肯堡自然博物館

第二天，我去了「森肯堡自然博物館」，這座博物館已經有超過一百年的歷史，裡面的裝修很古老，展品種類豐富，而且保存得非常完好，展示了四十億年以來地球的變遷和各種生命形態的演化過程。這裡擁有歐洲最大的恐龍展，門口有恐龍雕塑，館內地上印著恐龍腳印。認真看著那些已經消失的動物，拿起速寫本開始描繪。

與媽媽同行的葡萄牙之旅

　　2017年是我旅行次數最多的一年，和媽媽去了葡萄牙，和爸媽一起到撒哈拉沙漠，一個人去了冰島、西班牙、荷蘭，年底還去了瑞士。法國的假期很多，那一年幾乎所有的假期我都在旅途上，自己也因為這些旅行改變了不少。

　　春天時，媽媽來巴黎待了一段時間，三月的春假和媽媽去了葡萄牙的波多（Porto），這次短暫的旅行，對我來說是一個重要的轉折點。那段時間課業繁重，壓力很大，時常覺得很沮喪，覺得什麼都畫不好。波多那幾天的短途旅行，徹底把我拉到陽光裡，感謝媽媽的陪伴與支持。

▲里貝拉廣場五顏六色的小房子

手繪巴黎的每一天

Pont Dom-Luís I

夕陽下的心靈釋放

　　三月是旅行淡季，波多的遊客不多，整座城市都很安靜。我們去了這個城市許多被稱為「全球最美」的景點，例如最美的聖本篤火車站（Estação Ferroviária de Porto - São Bento）、最美的萊羅書店（Livraria Lello）、最美的麥當勞，還有最美的咖啡館——Majestic Cafe……第一天，和媽媽一起走在山路上聊天，當時剛到新學校幾個月，說到心裡的想法和壓力。媽媽對我說：「不要有壓力，去做你喜歡的事，我們會永遠支持你。」我問她：「你們不擔心我一事無成嗎？」她說：「人生很長，我們只希望你健康快樂！我不擔心，也相信你。」這簡單幾句話對我多重要，我真的不知道該如何形容，只覺得一瞬間好像解決了很多問題，邊走路邊偷偷地掉眼淚。我知道媽媽是世界上最愛我的人，她希望我快樂，我應該快樂地去做自己喜歡的事。我們走到高處時，正是夕陽西下的時候，很多當地人喝著啤酒、唱著歌，聚集在平台上等日落。我們也靜靜地坐著，一起等待一個完美日落。

那天山路上媽媽說的話，還有那晚的夕陽，在之後的日子裡我時常會想起來，就算生活裡有困難，有壓力，要記住你最愛的人永遠相信你、支持你。用人生中的片刻去等待燦爛的日落，去期待明天，而不是恐懼。

搭公車去海邊

那天陽光燦爛,波多的52路公車沿著海岸線行駛,公車有上下兩層,坐在上層看窗外風景,就像一幅幅掠過的畫。我們到了一個不知名的小鎮,海邊人不多,有人在衝浪、遛狗、跑步、曬太陽。我在海灘上拿出本子畫畫,感受久違的放鬆。我發現,人的確需要放鬆才能好好工作。歐洲人每年都會安排假期旅行,大部分人都毫不吝嗇地把時間、金錢和精力放在享受生活上,回來後繼續好好工作。我想到之前房東的兒子,他為了一年能去東南亞待三個月旅行並參與志工服務,平時工作很辛苦也很認真。他熱愛攝影,幾乎把賺來的錢全花在旅行和買攝影器材,他去東南亞時拍了很多照片,光看照片,你會以為他是專業攝影師。到底生活是為了工作,還是工作是為了生活?這似乎也是人生的一個課題吧。

一　直　在　路　上

剝蝦的服務生

　　鎮上有一家很老的海鮮店，服務生的年紀普遍偏大，但每個人都很熱情，臉上總是帶著笑。對客人笑呵呵，與同事之間笑呵呵，工作時也笑呵呵。我注意到遠處一個瘦小的服務生，他動作熟練地剝著蝦，時不時和旁邊的人開玩笑。他發現我在畫他，先是對我笑了一下，然後端著蝦直接坐到我隔壁桌，方便我畫他。那得意的樣子很可愛，像是一個喜劇演員。

09/03/2017 Y.m.

MAJARA

MATOSINHOS
041°10,94'N -
008°41,43'0

MARISQUEIRA MAJÁRA

restaurant de
fruits de mer
1970.

175

04/03/2017 PORTO

Praca da Liberdade 126, 4000 Porto
"Désigné comme étant le plus beau McDonald's du monde."
en 1995, s'est installé dans un bâtiment historique datant
des années 1930."

Pastel McCafé
de Nata 0,90€

APPLE Pie

SÃO BENTO — GARE DE PORTO

La gare de São Benito, construite en 1906, est sans doute l'une des seules gares qui donnent
envie de rater son train. L'intérieur de la gare, tapissé des célèbres azulejos, vaut le coup d'œil.

LIVRARIA LELLO

"La plus belle librairie du monde."

Les escaliers de la librairie sont aussi renommés. Ils sont à double volée et à double orientation. Il a été affirmé qu'ils ont inspiré J.K Rowling dans son livre.

最美麥當勞

　　位於波多自由廣場上的麥當勞，被評為世界十大最美麥當勞之一。這是一棟建於二十世紀30年代的歷史建築。精美的彩色玻璃，古典裝飾，每個細節都相當講究，被稱為「帝國麥當勞（McDonald's Imperial）」。

◆最美麥當勞──波多自由廣場

- 地址／Praça da Liberdade 126, 4000-322 Porto, Portugal
- 交通方式／搭乘地鐵D線至「Aliados」站或「São Bento」站

最美火車站

　　波多的坎帕尼揚火車站（Porto Campanhã Station）被稱為世界十大最美火車站之一。1916年建成，火車站大廳幾乎是一個藍色世界，四面牆上全是藍白相間的瓷磚壁畫。這些由藝術家喬治·拉索創作的手繪瓷磚總共有兩萬塊，我分別在早上和傍晚來到這裡停留欣賞。清晨的陽光穿過整個車站，站在大廳中間環視周圍的一切，有種時光穿梭的感覺，很美妙。

◆最美火車站──坎帕尼揚火車站

- 地址／Estação de Campanhã, 4300-173 Porto, Portugal
- 交通方式／搭乘地鐵A、B、C、E或F線至「Campanhã」站

最美書店

　　我們住的民宿轉角處，有一家很漂亮的書店，門外很多人在拍照，後來才知道，這家就是被譽為世界最美書店之一的萊羅書店（Livraria Lello），這座書店建於1869年，當時是一間圖書館，1906年被萊羅兄弟買下後，才改造成書店。我第一次見到需要購買門票才能進入的書店，不過門票可以在購買圖書時抵扣。

　　一進門就能看到最著名的曲線形旋轉樓梯，《哈利波特》的作者J.K.羅琳曾在波多生活，經常來這裡構思寫作，霍格華茲學校的魔法樓梯原型就是來自這裡的紅色樓梯。

◆最美書店──萊羅書店

- 地址／R. das Carmelitas 144, 4050-161 Porto, Portugal
- 交通方式／搭乘地鐵D線至「São Bento」站

里斯本豬扒包

　　葡萄牙的美食除了廣為人知的葡式蛋塔，還有一樣不能錯過的就是豬扒包。朋友帶我去了一家百年老店，據說這間小店從1840年就開始營業了，一個豬扒包只要2.5歐元，平價又美味。那天店裡擠滿了當地人，大家一邊喝著咖啡、吃著蛋塔，一邊和老闆聊天。

一 直 在 路 上

▲葡式蛋塔店的路口

童話般的瑞士

2018年的新年假期，我去了瑞士。轉了三趟火車，抵達了一個非常美麗的小鎮──格林德瓦（註）。白雪皚皚的村落有一個夢幻山坡，無論白天還是夜晚，完全滿足了對童話世界的幻想。住在小木屋裡，窗外便是那迷人的山坡，天氣變幻莫測，靜靜看著窗外猶如仙境的畫面，心裡想著：一定要帶爸媽一起來看看。

※編註：格林德瓦（Grindelwald）位於瑞士少女峰地區，這裡擁有壯麗的冰川、群山環繞的村莊風景以及豐富的戶外活動，包括滑雪、登山、徒步旅行等。冬季是滑雪者的天堂，而夏季則適合徒步和欣賞美景。從蘇黎世火車站搭乘前往因特拉肯東站（Interlaken Ost）的火車（通常需在伯恩轉車），在因特拉肯東站轉搭前往格林德瓦（Grindelwald）的區域列車，全程約2小時30分鐘。

一直在路上

仙境般的格林德瓦

在格林德瓦住的小木屋是旅程裡的一大驚喜,早晨透過餐廳的窗戶向外看,我時常會把窗子想像成一幅畫框,窗外的風景就是一幅畫。

◆蘇黎世國家博物館參觀資訊

• 開放時間 / 周二～周日:10:00～17:00;周五:10:00～19:00;周一休館
• 交通方式 / 從蘇黎世中央車站步行約 3 分鐘即可抵達

一直在路上

蘇黎世國家博物館

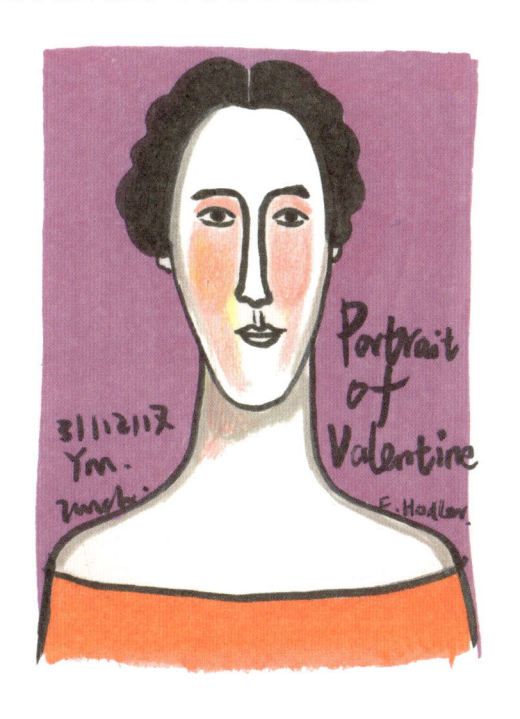

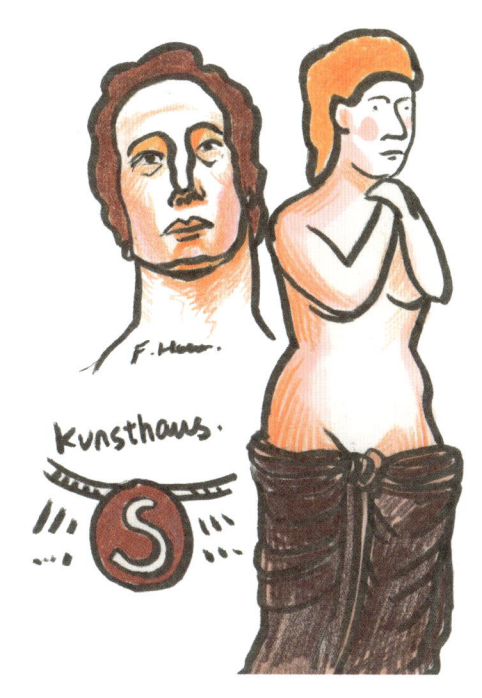

米倫小鎮

第二年夏天,我帶著爸媽一起來到瑞士的一個小鎮,這次去的是米倫(Mürren),需要轉四趟車再搭一次纜車(註),每次轉車的時間都只有幾分鐘,生怕坐錯車,一路上我們都繃緊了神經。

坐上最後一趟小火車的時候總算安心了,在伯恩州有居民定居的村落之中,米倫是地勢最高的小鎮,小火車在山上行駛的時候,能同時看到雪山和森林,感覺即將前往一個與世隔絕的仙境。

※編註:從蘇黎世出發前往米倫(Mürren),需要搭乘四趟火車和一次纜車,全程需3小時30分鐘~4小時。
1. 火車: 蘇黎世(Zürich HB)→伯恩(Bern)
2. 火車: 伯恩(Bern)→因特拉肯東站(Interlaken Ost)
3. 窄軌列車: 因特拉肯東站(Interlaken Ost)→勞特布倫嫩(Lauterbrunnen)
4. 纜車: 勞特布倫嫩(Lauterbrunnen)→格呂奇阿爾卑(Grütschalp)
5. 窄軌列車: 格呂奇阿爾卑(Grütschalp)→米倫(Mürren)

一 直 在 路 上

瑞士的自然風光美得令人讚嘆,而這份美來自於它對自然環境的細心保護。大自然是人類的恩賜,而瑞士用行動珍惜了這份禮物。當我們終於抵達山上的小鎮,打開房間窗戶的那一瞬間,我們都不約而同地被眼前的景色震撼到了。這個小鎮在勞特布倫嫩山谷的懸崖之上,是這個地區海拔最高的村莊,這裡禁止汽車通行,讓整個小鎮完整保留了阿爾卑斯山風情。

阿爾卑斯山上的母牛與小牛

　　牛鈴是瑞士鄉土文化的重要象徵。在阿爾卑斯山區，總能聽見悠揚的牛鈴聲迴盪，當地還會把大小牛鈴製成各式紀念品，十分具有特色。提到牛鈴，想起在瑞士某個農場看到的一幕。

　　那天我們參觀了一個農場，裡面有許多牛，其中一隻母牛剛生了一隻牛寶寶。農場的人開車過來要把小牛放到車上，只見母牛用頭用力頂著抱走小牛的人，一邊大聲嚎叫，一邊不停地看車裡的小牛，農場的人只好把小牛抱下來。母牛開始不停地親吻小牛，最後只能把母牛拴在車後跟著車走，能看著自己的孩子，母牛這才停止嚎叫。那一刻我深深地感受到，無論是動物還是人，母愛永遠是世上最偉大的愛。

▲掛滿牛鈴的餐廳

13|08|18

手 繪 巴 黎 的 每 一 天

金色的佛羅倫斯

佛羅倫斯的黃昏，讓這裡成為義大利人最愛的城市之一。

我喜歡傍晚站在老橋（Ponte Vecchio）上看日落，看遠處的橋、河水、船隻，還有天上的雲，像是一幅古典油畫。而另一邊，街頭藝人表演吸引了一群人圍坐聆聽音樂，夕陽緩緩落下，整個佛羅倫斯都籠罩在金色的光芒中。

一 直 在 路 上

▲路邊一家披薩店

百年畫具店

　　出火車站的時候，想去補點畫具，朋友阿四推薦了佛羅倫斯的一家老畫具店。阿四是一位超酷的藝術家，曾在佛羅倫斯留學過幾年。他說這家店已經傳了好幾代，果然，一到店裡就看到店主父子都在。兒子是個大光頭，留著像達利一樣的鬍子，身上有許多刺青，但非常熱情，父親是很慈祥的模樣。我跟他提到阿四，他把我帶到裡面一間堆滿畫的房間，給我看了他們保留的阿四畫作，就擺在畫架上。

　　歐洲有很多百年老店，不只是賣商品，更是一段段承載文化與歷史的故事。這也是我很喜歡把它們畫下來的原因。走出這家小店時，我在本子上記下了它的名字和地址。

懸崖邊的五漁村

五漁村（Cinque Terre）位於義大利沿海地區，由坐落在山海之間的五個村落組成，每個村莊都擁有五彩繽紛的小房子，搭配上蔚藍的大海，像是一串閃亮的彩色寶石，鑲嵌在海岸邊，吸引著世界各地的旅人。

手繪巴黎的每一天

在五漁村的第三天,我漫步在村落之中,隨意地走走停停。當地人喜歡坐在室外吃飯,到了中午,各種顏色的遮陽傘高高舉起來,我找到一個石階坐了下來,畫眼前的場景。過往的人走走停停,看我畫畫,這時候後面教堂的鐘聲響了,我肚子也餓了。

CINQUE TERRE 17/05 YM

一直在路上

ⓘ INFORMAZIONI

五漁村的五個小村落雖然沒有汽車，但交通意外地非常方便，每一個村子都有一個小火車站，火車會在村莊間穿梭。每幾分鐘就有一班火車，如果錯過了也不用著急，火車站內有休息室，等火車的時候，我拿出畫本速寫了周圍的景色。來來往往的遊客們，皮膚都被曬得通紅。

讓我重生的冰島

　　冰島的首都雷克雅維克距離巴黎2242公里，比巴黎慢兩個小時。

　　這已經是我第三次來冰島了。如果說冰島是我心中的詩和遠方，聽起來或許太矯情，那要怎麼說它在我心中的意義呢？在這裡你能強烈感覺到生命的渺小與深刻的意義。我喜歡這裡的冰川、大海和極光，冰島是個神奇的地方，有驚喜、有震撼、有挑戰。不過，讓我最喜歡的，還是冰島那種能讓內心完全回歸平靜的力量。

一 直 在 路 上

沒有天黑的夜晚

※編註：《孤獨六講》，作者蔣勳，聯合文學出版（2020年）。書中分為六個主題（即六講），深入探討孤獨在生活中不同情境中的意涵，包括文化、藝術、愛情、死亡等領域。

　　第一次來冰島的時候，我經歷了一場嚴重的車禍；再來的時候，感覺這裡像是一個讓我重生的地方。第三次一個人來冰島，想多待一段時間，就沒有訂回程的機票。來之前打算每天睡到自然醒，在永晝沒有天黑的「晚上」盡情地熬夜。以為可以多出很多時間，以為會特別閒，然而事實上是越來越忙。這種忙不同於平時趕作業或趕稿那種忙，而是充實的忙碌。

　　早上沒有賴床，起來做早餐。沿著不同的路散步，看到不同的景色。路過維京海事博物館，前台服務人員拿著地圖介紹了很多我計畫之外的地方。下午，我會去主街道書店樓上的咖啡館，晚上則趕在超市關門前去買食材，晚飯後，我會坐在青旅的一樓交誼廳整理照片、畫速寫、在粉絲頁發表文章，想著還有很多事情要做，卻已經覺得睏了……晚上躺在青旅小小的床上，一秒鐘就能睡著。

　　有朋友問我，一個人不無聊嗎？我想起《孤獨六講》（註）裡的一句話：「孤獨和寂寞不一樣，寂寞會發慌，孤獨則是飽滿的。」

冰島的連鎖超市

冰島最大的連鎖超市叫做Bónus，很多人叫它「紅豬」，因為超市的標誌是一隻粉紅色的小豬存錢筒。我幾乎每天都會去那裡買菜、買水果，還有我超愛的Skyr酸奶。冰島超市裡的香蕉是掛起來賣的，很可愛，像是另一種形式的香蕉樹。

有一天我走到托寧湖（Tjörnin），這是位於雷克雅維克市中心的一個小湖，儘管不是冰島最大的湖泊，卻很知名。湖上有很多鴨子、海鷗、天鵝，還有一些候鳥。坐在岸邊看鴨子戲水，不由自主地笑了出來，兩隻小鴨子在吵架，邊游邊互相瞪著對方。冰島即便是夏天也很冷，但比起冬天的狂風暴雪，此刻能坐在湖邊曬太陽已經很知足了。托寧湖的岸邊有博物館、市政廳和冰島大學，讓這裡成了散步時不可錯過的好去處。

TJÖRNIN

坐小船去看海鸚鵡

　　冰島的海鸚鵡（Puffin）約占全球數量的60%，也被大家認為是冰島的國鳥。牠們長得非常可愛，橙色的嘴巴和腳掌，黑色的羽毛配上白色的肚皮，再加上走路時那笨拙的樣子，真的是萌翻了。夏天是觀賞海鸚鵡的最佳季節，所以我也買了船票，跟大家一起出海賞鳥。到了小島上，船會停下來，大家拿著望遠鏡專注地看島上的小鳥。不過，這趟旅程並不輕鬆，因為遇上大風大雨，船被吹得搖來搖去。為了看到這些可愛的海鸚鵡，真的很不容易。那天天氣不好，只看到了幾隻，我就徹底暈船了。

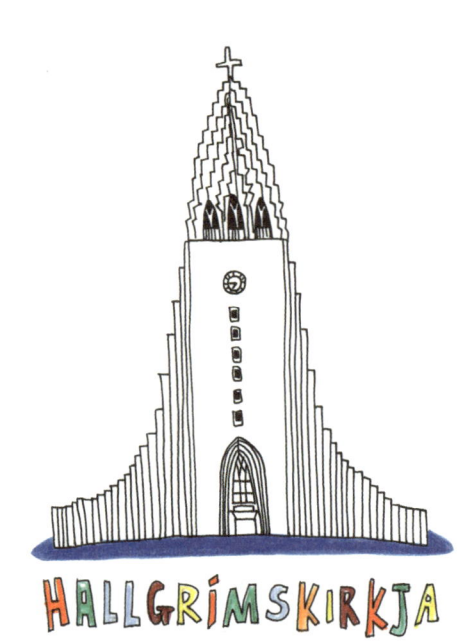

哈爾格林姆斯教堂

　　冰島首都雷克雅維克的哈爾格林姆斯大教堂（Hallgrímskirkja），是典型的冰島教堂設計，也是這個城市的地標性建築。它的設計靈感取自冰島壯麗的自然景觀——冰河、山峰、火山等元素。無論在市中心的哪一個角落，人們都能望見教堂頂高聳的十字架。

　　教堂內有一座巨大的管風琴，由超過5000根音管組成。購買門票入場，就可以搭電梯到達教堂塔頂，俯瞰整個雷克雅維克。五顏六色的房子從高處看，就像是用樂高拼成的小鎮。

　　我接連幾天都會走到這裡，坐在教堂裡寫日記，陽光從窗戶灑進來，照在灰綠色的椅子上，照在我的身上，本子上⋯⋯

◆哈爾格林姆斯大教堂參觀資訊

● 開放時間／
夏季（5月20日～9月30日）：09:00～20:00；
冬季（10月1日～5月19日）：10:00～17:00
● 交通方式／
從雷克雅維克市中心步行即可到達

冰島郵票與爺爺的記憶

在雷克雅維克的周末市集上,我找到了一堆冰島郵票,每一張郵票上的插畫都精緻又美麗,彷彿一幅小型藝術品。

每當看到郵票就會想到爺爺,爺爺生前很喜歡集郵,爸爸把爺爺這一生收藏的郵票都留給了我。沒想到這麼多年後,一個人在這個遙遠的島上,做著和爺爺同樣喜歡的事情。很想念爺爺,那時候太小,沒有太多和他交流的記憶,只記得爺爺的樣子和聲音,別人口中的爺爺,是個正直、善良、有魄力的人。

夕陽落下的時候天空很美,我想爺爺在天上一定能和我一起看到。他也能看到最小的孫女長大了,在生活中做著自己喜歡的事情,勇敢的,堅定的,我想,他會為我感到高興。

一家人在摩洛哥

　　自從摩洛哥對中國免簽（註）後，這個被譽為非洲後花園的國家吸引了許多來自中國的旅客，也讓許多人有機會一窺非洲另一面的魅力。這次的旅程是我和爸媽一起完成的。爸爸從中國飛到摩洛哥，我和媽媽則從巴黎出發，踏上非洲大陸的一瞬間還是有點激動，一家人在卡薩布蘭卡機場團圓。想到小時候爸媽帶著我到處玩，現在竟然變成我帶著他們一起出門旅行。

　　我們的路線從「大西洋的新娘」卡薩布蘭卡（Casablanca）開始，接著去了馬拉喀什（Marrakech）、撒哈拉沙漠、千年古城菲斯（Fes）、藍色小鎮舍夫沙萬（Chefchaouen），最後到了丹吉爾（Tangier）。整個旅程有哭有笑，看到壯觀的風景，也體驗了當地的風情。

一 直 在 路 上

※編註：台灣人前往摩洛哥需事先申請入境簽證函。由於申請資料需郵寄至摩洛哥駐日本大使館辦理，整個申請流程通常需要1至2個月以上的時間。建議提早準備相關文件，以免延誤行程。詳情請參考外交部領事事務局網站的說明。

詳細資訊，
請掃描QRCODE

摩洛哥是一個擁有千年歷史的文明古國，至今許多古老的建築和文化依然保留得很完整。一路上你會遇到熱心真誠的人，他們會真心幫助你；當然，也會有黑心商家想盡辦法騙你錢。村落裡的小孩子有著對世界渴望的眼睛，沙漠裡牽駱駝的男孩過著自己想要的生活。每個人有各自追求的東西，在不同的國度裡書寫著各自的故事。

這裡的「回」字型庭院，很多已被改建成旅館或飯店，蜿蜒的巷子裡隨便走進一家，小小的木門進去裡面別有洞天。庭院圍牆高高的，陽光會從中間灑進來，整個空間靜謐且美好。庭院裡的主食依然是塔吉鍋。這裡就像是一個與世隔絕的地方，點一杯薄荷茶，看著頭頂那片藍天和身邊飛來飛去的小麻雀。

有家人陪伴的非洲旅程

　　和爸媽在非洲土地上待了半個月，我負責規劃所有行程和路線，面對許多從未經歷過的挑戰，現在回想起來都覺得當時很有勇氣，但是只要和家人在一起，就什麼都不怕了。旅行結束的時候，在社群平台上寫下一段話：「家就是一家人在一起，家就是就算在這邊被奸商騙、住在沙漠的破帳篷裡，只要一家人在一起，就是家。」

　　爸爸說：「一切經歷都是值得的。」是啊，在這麼大的世界裡，珍惜陪伴你的人，能陪伴著彼此，真的要好好珍惜，也感謝爸媽。

漫步北非幸福村

　　摩洛哥有個小地方叫艾西拉（Asilah），被稱為「北非的幸福村」，光聽名字我就很想去看看。

　　這裡是一個面向大海的安靜小鎮，牆壁上滿是精美的壁畫。因為每年都會舉辦壁畫節，吸引了許多藝術家來創作。巷子裡隨處可以看到很多小貓，有的在玩耍，有的在曬太陽或睡覺，它們像這裡的人一樣，過著悠然自得的生活。在一個轉角處，我遇到一位在街頭賣畫的女人，她沒有手，坐在地上用腳在畫畫，周圍擺滿了她的畫作，描繪的正是艾西拉的風情，顏色鮮豔。她安靜地畫畫，我看了她很久，內心充滿敬佩，我想她可能一輩子就待在這個村子裡畫畫，用自己的方式傳達對家鄉的熱愛，堅持著，平和的，不卑不亢。

艾西拉的小女孩

當地人很擅長製作手工藝品,在另一個轉角處,我發現一座藍白相間的房子,兩面牆上掛滿了各式各樣的地毯。我停了下來,想要把這個畫面畫下來,在這期間,附近玩耍的小孩圍過來看我畫畫,其中有一個小女孩從頭到尾安靜地站在我旁邊,目不轉睛地看著。她一句話都沒說,但我知道她一定也喜歡畫畫。臨走的時候,我從筆袋裡拿了幾支彩色鉛筆送給她,她開心地笑了。

從維也納到布拉格

第一次去布拉格是從維也納搭火車過去的,那天維也納下著大雪,一路上白雪皚皚,快到布拉格的時候,陽光灑在田野上,整片金黃燦爛,感覺像是坐上了一班開往春天的火車,然而,事實上並沒有這麼浪漫。下了火車就能感受到布拉格有多麼冷。兩次去布拉格都是冬天,每次都忍不住感嘆:「這裡真的好冷啊!」

BO18 HOTEL

手繪巴黎的每一天

布拉格廣場的展覽

　　布拉格的廣場上雖然沒有許願池，但卻帶給我另一個驚喜——看了一場亨利・盧梭的展覽。盧梭是我非常喜歡的畫家，他四十幾歲才開始畫畫，憑著對藝術的熱愛，描繪出屬於自己的夢幻世界。我喜歡他筆下的植物、動物，他曾說過：「大自然是最好的老師。」這句話深深打動了我，也讓他的作品更顯得生動有力。

CLÉMENCE　　HENRI ROUSSEAU

My self, Portbit-landscape

一直在路上

匈牙利
國家美術館

Raffaello SANTI

Magyar
Nemzeti
Galéria
「国家美术馆」
2011/2016
BUDAPEST

BORTNYIE
Sándor
1924.

FÉNYES
Adolf
1910

◆ 匈牙利國家美術館參觀資訊

• 開放時間 /
周二～周日：10:00～18:00；周一休館
• 交通方式 /
搭乘地鐵在「Vörösmarty tér」站下車，步行經過鎖鏈橋至布達城堡；電車19號或41號線，「Clark Ádám tér」站下車，然後步行上山

最新資訊，
請掃描QRCODE

維也納列奧波多博物館

列奧波多博物館（Leopold Museum）收藏著十九世紀最重要的奧地利藝術品和現代主義作品，擁有埃貢‧席勒（Egon Schiele）的兩百多件作品，是世界上收藏席勒作品最多的博物館。

◆列奧波多博物館參觀資訊

● 開放時間／每日：10:00～18:00，周四延長至21:00；周一休館
● 交通方式／搭乘地鐵U2或U3線，在「Volkstheater」站下車；電車49號線，在「Volkstheater」站下車

▲維也納美泉宮

一　直　在　路　上

木偶之城布拉格

布拉格有著「木偶之城」的美稱，當地的木偶劇始於十七世紀，至今已經有幾百年的歷史。

路邊會看到很多傳統手工的木偶店，每個木偶都小巧且精緻。

▲旅行後帶回的紀念品

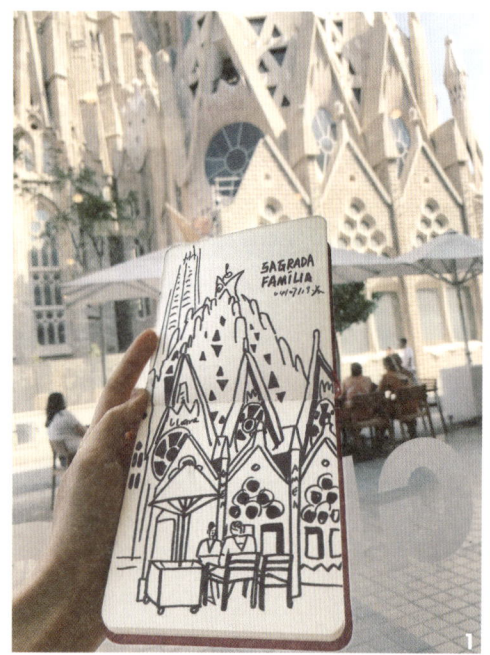

手繪巴黎的每一天

邊走邊畫　我喜歡旅行的時候邊走邊畫，畫眼前的風景，畫周圍的人，畫腦子裡不經意的想法。一個人旅行的時候，畫本像是一個讓人安心的同伴。

一 直 在 路 上

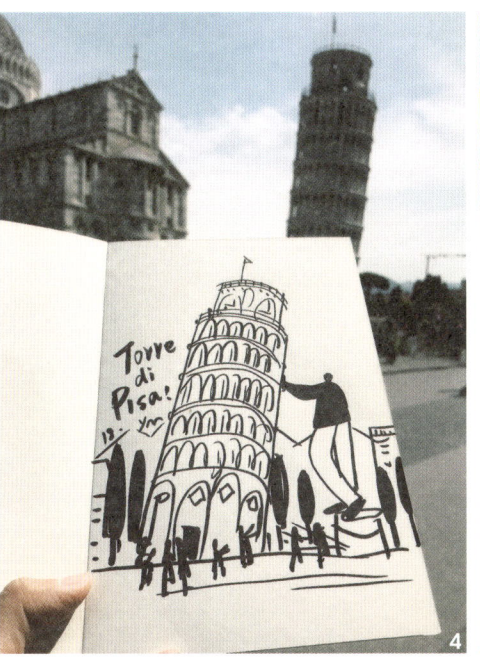

1·巴塞隆納的聖家堂　　2·尼斯的馬蒂斯美術館　　3·摩納哥的菜市場　　4·義大利的比薩斜塔

5·首爾的書店　　6·史特拉斯堡的河岸　　7·冰島的國家博物館　　8·諾曼第海邊畫石頭

215

台灣廣廈 國際出版集團
Taiwan Mansion International Group

國家圖書館出版品預行編目（CIP）資料

手繪巴黎的每一天：插畫家帶路!走進歐洲111個浪漫風景 /孫藝萌作. -- 初版. -- 新北市：蘋果屋出版社有限公司, 2025.04
216面；17×24公分
ISBN 978-626-7424-50-6（平裝）
1.CST: 旅遊 2.CST: 歐洲

740.9　　　　　　　　　　　　　　　　　114000307

蘋果屋 APPLE HOUSE

手繪巴黎的每一天
插畫家帶路！走進歐洲111個浪漫風景

作　　者／孫藝萌		總編輯／蔡沐晨・執行編輯／周宜珊	
		封面設計／曾詩涵・**內頁排版**／菩薩蠻數位文化有限公司	
		製版・印刷・裝訂／東豪・弼聖・秉成	

行企研發中心總監／陳冠蒨　　　　**線上學習中心總監**／陳冠蒨
媒體公關組／陳柔彣　　　　　　　**企製開發組**／張哲剛
綜合業務組／何欣穎

發　行　人／江媛珍
法 律 顧 問／第一國際法律事務所 余淑杏律師・北辰著作權事務所 蕭雄淋律師
出　　　版／蘋果屋
發　　　行／蘋果屋出版社有限公司
　　　　　　　地址：新北市235中和區中山路二段359巷7號2樓
　　　　　　　電話：（886）2-2225-5777・傳真：（886）2-2225-8052

代理印務・全球總經銷／知遠文化事業有限公司
　　　　　　　地址：新北市222深坑區北深路三段155巷25號5樓
　　　　　　　電話：（886）2-2664-8800・傳真：（886）2-2664-8801
郵 政 劃 撥／劃撥帳號：18836722
　　　　　　　劃撥戶名：知遠文化事業有限公司（※單次購書金額未達1000元，請另付70元郵資。）

■出版日期：2025年04月　　　ISBN：978-626-7424-50-6
　　　　　　　　　　　　　　版權所有，未經同意不得重製、轉載、翻印。

本作品中文繁體版通過成都天鳶文化傳播有限公司代理，經中國輕工業出版社有限公司授予蘋果屋出版社有限公司獨家出版發行及銷售，非經書面同意，不得以任何形式，任意重製轉載。